Segurança tem saída

LUIZ
EDUARDO
SOARES

SEXTANTE

preparo de originais: Regina da Veiga Pereira
revisão: Sérgio Bellinello Soares e Tereza da Rocha
projeto gráfico e diagramação: Marcia Raed
capa: Tecnopop
fotolitos: R R Donnelley
impressão e acabamento: Yangraf Gráfica e Editora Ltda.

CIP-BRASIL. CATALOGAÇÃO-NA-FONTE.
SINDICATO NACIONAL DOS EDITORES DE LIVROS, RJ

S655s

Soares, Luiz Eduardo, 1954-
Segurança tem saída / Luiz Eduardo Soares. – Rio de Janeiro: Sextante, 2006.

ISBN 85-7542-248-0

1. Segurança pública – Brasil. 2. Crime e criminosos – Brasil. 3. Violência – Brasil. 4. Controle social – Brasil. 5. Prevenção do crime – Brasil. I. Título.

06-2941 CDD 364.40981
CDU 343.9.01(81)

Rua Voluntários da Pátria, 45/1.404 – Botafogo
22270-000 – Rio de Janeiro – RJ
Tel.: (21) 2286-9944 – Fax: (21) 2286-9244
E-mail: atendimento@esextante.com.br
www.sextante.com.br

A Marluci de Oliveira e à memória de seu filho,
André Robinson de Oliveira, que sua fé na vida nos inspire.

Agradecimentos

Aos amigos, familiares e interlocutores, que me ajudaram a aprender. À Miriam, claro, sempre, e muito especialmente. A Regina, Geraldo, Marcos e Tomás, pela confiança afetuosa e a solidariedade. Aos personagens citados nas "notícias do futuro", que estão lá porque os admiro. Ao pessoal da mídia, que está nessa batalha conosco, buscando a segurança inteligente e criativa. As referências são homenagens.

Devo dizer que sou muito grato a algumas instituições que valorizaram essas propostas, entre elas: Fundação Ford; Universidade Columbia e Instituto Vera de Justiça, de Nova York, que me acolheram ao longo do ano 2000; Banco Mundial e BID, que se dispuseram a financiar a implementação do plano nacional de segurança pública do governo Lula, quando eu era secretário Nacional, concedendo um empréstimo subsidiado de cerca de U$ 3 bilhões, contrariando sua decisão anterior de não apoiar políticas nesse setor; FIRJAN (Federação das Indústrias do Estado do Rio de Janeiro) e PNUD (da ONU), que financiaram o trabalho de vários profissionais, em convênio com a Secretaria Nacional, para o aprofundamento do plano nacional; UNDCP, UNESCO (ambas da ONU) e ANPOCS (Associação Nacional de Pós-Graduações em Ciências Sociais), que nunca hesitaram em colaborar; UERJ e UCAM, onde sempre encontrei estímulo e solidariedade.

Julho, 2006

Mensagem que eu gostaria de gravar em seu celular

Tem saída, sim. É perfeitamente possível conter a violência, salvar vidas, proteger o patrimônio, reduzir as desigualdades no acesso à Justiça, exorcizar o medo, controlar a criminalidade e oferecer a todos uma segunda chance. Não digo que seja fácil ou rápido. Nem que se possa acabar com o crime inteiramente. Nenhuma sociedade conseguiu essa proeza. Digo, sim, e reafirmo, que o Brasil pode ser um país menos violento do que é.

Luiz Eduardo Soares é antropólogo e cientista político, professor da UERJ (Universidade do Estado do Rio de Janeiro) e da UCAM (Universidade Cândido Mendes). Foi secretário Nacional de Segurança Pública (2003), coordenador de Segurança, Justiça e Cidadania do Estado do Rio de Janeiro (1999-março de 2000) e consultor da Prefeitura de Porto Alegre (2001), responsável pela formulação e aplicação do primeiro plano de segurança daquele município. Foi professor visitante das Universidades Columbia, Virginia e Pittsburgh. Foi pesquisador visitante do Instituto Vera de Justiça, de Nova York. É autor de vários livros, entre os quais: *Meu Casaco de General: 500 dias no front da segurança pública do Estado do Rio de Janeiro* (Companhia das Letras, 2000); *Cabeça de Porco*, com MV Bill e Celso Athayde (Objetiva, 2005); *Elite da Tropa*, com André Batista e Rodrigo Pimentel (Objetiva, 2006), e *Legalidade Libertária* (Lumen-Juris, 2006).

Sumário

Introdução

Você me permitiria tentar adivinhar o que passa por sua cabeça? Com todo o respeito à sua individualidade e à originalidade de seu pensamento, tomo a liberdade de ousar uma especulação, só como um teste. Uma espécie de jogo. Você dirá se cheguei perto, está bem?

Aposto que você acha que segurança pública não tem jeito. Não tem saída. Que as coisas estão cada vez piores e que não há luz no fim do túnel. Em políticos e governos, você não acredita mais. Nas polícias, menos ainda. Os casos de corrupção se multiplicam. Até superintendentes da Polícia Federal aparecem nas manchetes dos jornais protagonizando casos escabrosos. Claro que você admite que há muita gente séria, honesta e competente nas polícias. E até reconhece que há gente honrada na política. Mas você duvida que esses gatos-pingados sejam capazes de fazer a diferença e mudar alguma coisa. Eles estão perdidos num oceano de desmandos e ineficiência.

Você olha para as elites e vê lavagem de dinheiro e uma fauna variada de criminosos de colarinho branco. Olha para as camadas populares e vê tráfico, armas, violência, em um ambiente marcado pela ausência do Estado: desemprego, falta de acesso à educação, maternidade precoce, infância abandonada, baixa auto-estima generalizada revertendo em culto à violência, famílias em crise, condições sociais dramáticas.

Quando você pensa que algum personagem poderoso finalmente foi preso, logo descobre que ele está sendo beneficiado pelo inacreditável instituto da "prisão especial" ou que está se beneficiando de prerrogativas que lhe permitem aguardar exame de recursos em casa. Enquanto isso, você percebe que um rapaz pobre e negro, que tentou furtar uma bicicleta, continua preso há meses, à espera de julgamento.

As notícias que chegam das penitenciárias parecem filme de terror, assim como são atos de terror aqueles promovidos por facções comandadas do interior das prisões e que conseguem parar São Paulo, a maior cidade do país.

Você não vê nenhuma providência de vulto que envolva os recursos e a mobilização de instrumentos de poder correspondentes ao tamanho do problema. Os governos desconversam e empurram com a barriga. E o problema vai se agravando, cada vez mais. Você já não agüenta mais retórica, conversa fiada e promessas. Quer ação. Quer solução. E quer isso já, agora, imediatamente. Afinal, você tem de chegar em casa, hoje, em segurança. Seus filhos também.

Se você pensa assim, ou mais ou menos assim, é com você mesmo que eu quero conversar. É a você que se dirige este livro.

Concordo com quase tudo o que você pensa. Só discordo de um detalhe, que é, na verdade, essencial e faz toda a diferença: estou convencido de que, apesar de tudo, existe saída, sim! Tenho convicção de que a saída é a implantação de um programa envolvendo vários tipos de ações simultâneas em diversas áreas. Por isso, acho que deveríamos unir as nossas forças e apoiar esse programa, porque ele é perfeitamente factível. Acredito que ele seria capaz seja de produzir resultados imediatos, seja de pavimentar o terreno para as transformações mais profundas, sem as quais os problemas vão se reproduzir cada vez com mais intensidade. Por essa razão, acho que deveríamos difundir as propostas contidas nesse programa e exigir que os políticos e gestores públicos se comprometessem a colocá-las em prática.

Não pense que sou ingênuo. Sei que nada disso será fácil. Estou nessa batalha há muito tempo. Tempo suficiente para ter aprendido, na prática, que não será fácil. Mas tempo também suficiente para ficar convencido de que esse programa é realista e factível, sim.

Vamos ver se depois de ler este pequeno livro você vai concordar comigo e se animar um pouco mais. Isso será muito importante. Até porque parte do sucesso do programa depende do apoio e da confiança da opinião pública, quer dizer, depende, em alguma medida, do seu apoio e de sua confiança.

Antes de lhe explicar as idéias que defendo, quero alertar para um perigo. Se você não quer resolver um problema, defina-o de um modo muito complicado e distante de seu poder de intervenção. Se a gente faz assim, pronto: o problema vira um embrulho depositado em algum futuro distante. Este gesto corresponde mais ou menos a esconder um objeto perigoso bem longe do alcance das crianças, lá na prateleira mais alta do armário.

Vou lhe dar um exemplo e acho que você vai entender o que quero dizer, sobretudo se tiver uma filha adolescente: sabe qual o melhor método que uma adolescente insegura pode adotar para ficar longe dos meninos, dos namoros e dos riscos de ser rejeitada? Ficar apaixonada por um menino mais velho, completamente inatingível, ou por um astro de cinema, de preferência que more em outro continente. Assim, o coração e a cabeça estarão ocupados e não haverá espaço para mais ninguém. O que existe nesse caso, de real, não é o afeto pelo ídolo, mas a necessidade de proteger-se do amor possível, porque esse pode dar certo e aquilo que pode dar certo também pode dar errado, e, se der errado, é doloroso à beça e fere o amor-próprio. A paixão adolescente pelo ídolo é um modo de enganar-se a si mesma, fingindo que não é medo, mas amor, o medo que deveras sente. Muita gente carrega essa armadilha consigo a vida toda. A insegurança e o medo de sofrer é que provocam as paixões impossíveis.

O que é que os romances de nossas filhas têm a ver com segurança pública? Os romances, nada, mas a atitude tem tudo a ver com nosso modo mais comum de não resolver o problema. Sabe a que atitude me refiro? Àquela bem conhecida, que se expressa mais ou menos assim: "Para resolver o problema da segurança é preciso transformar as estruturas sociais brasileiras, porque, enquanto nosso país for como é hoje, qualquer iniciativa na segurança será apenas um paliativo, sem nenhum valor." Para algumas cabeças adolescentes não basta que o menino seja mais velho e estude em outra escola; é preciso que more na Europa e seja um astro de cinema bem casado com a estrela da moda. Essas meninas que têm medo de amar são iguaizinhas àqueles que, nos debates sobre segurança, começam falando da natureza humana e terminam esbravejando contra o imperialismo norte-americano e o capitalismo globalizado neoliberal. Pronto. O pacote está bem amarrado e foi jogado ao fundo do mar. Qual maluco se disporia a mergulhar nessas águas turvas e profundas? Reconhecer a necessidade de mudar o mundo como precondição para uma realização específica significa condenar-se à impotência e ao imobilismo.

Proponho que nos inspiremos naquele provérbio que nos ensina a dar um passo de cada vez e a não definir a caminhada por sua extensão máxima. Se o alcoólatra se impuser a obrigação de não beber nunca mais, terá mais dificuldade de não beber nunca mais do que se tiver a humildade de definir seu objetivo de tal maneira que ele pareça e seja mais acessível, prometendo a si mesmo não beber hoje, nestas 24 horas.

Como nós não vamos mudar o mundo e o Brasil tão cedo, muito menos a natureza humana, seria mais prudente identificar objetivos factíveis e começar a avançar em sua direção. Um objetivo factível é reduzir a violência, salvar vidas e gerar um ambiente mais saudável, pacífico e respeitoso. Para mim, isso representaria muito, muitíssimo. Acredito que para você também.

Então vamos colocar um problema de cada vez, ainda que iniciativas simultâneas sejam sempre necessárias, para que cada passo seja viável e cumpra seus objetivos pequenos e realistas. Podemos tornar as polícias melhores do que são? Mais eficientes, mais honestas e confiáveis, menos violentas e mais capazes de valorizar seus profissionais? Podemos adotar políticas públicas mais inteligentes e eficientes na prevenção da violência, mesmo com poucos recursos? Podemos combater com mais eficácia a lavagem de dinheiro e as conexões entre o crime, a polícia e a política? Haveria algumas medidas capazes de causar prejuízo a essa gente, bloqueando pelo menos algumas de suas práticas? Haveria como lidar com o ciclo vicioso dos crimes mais graves, interceptando a dinâmica que os realimenta? Poderíamos viver em um país em que se andasse pelas ruas com menos medo? Um país em que houvesse menos violência doméstica contra as mulheres? Em que os negros não sofressem tanto os efeitos perversos do racismo e a homofobia fosse quase apenas lembrança amarga de um passado preconceituoso? Um país em que as escolas funcionassem e mantivessem as crianças e os adolescentes interessados, o dia inteiro, em atividades de ensino, arte, cultura, esporte e lazer? Um país com mais oportunidades e menos armas, menos mães precoces e menos uso irregular do solo, que agride o meio ambiente e impede o planejamento urbano? Em que a política fosse uma prática menos degradada? Em que os governos fossem um pouquinho mais decentes e eficientes? Em que a estrutura do Estado não se limitasse a secretarias e ministérios, que são feudos, rivais entre si, e por isso acabam bloqueando a aplicação de políticas públicas integradas e coordenadas? Um país em que o acesso à Justiça fosse menos desigual? Em que a política criminal fosse menos refratada por filtros de cor e classe? Seria possível tornar o Brasil um país menos injusto e um pouquinho mais capaz de respeitar suas próprias leis? Seria possível fazer com que as leis valessem realmente para todos?

Possível seria. Outros países conseguiram. Estamos dando ainda os primeiros passos em nossa trajetória democrática, que é tão recente. Todos os objetivos listados acima são importantes e estão ligados entre si. Mas, se tentarmos alcançar todos eles ao mesmo tempo, com uma só fórmula – seja ela a diminuição do Estado, seja ela a socialização dos meios de produção, ou qualquer outro modelo de grandes pretensões –, não chegaremos a lugar nenhum.

Temos de começar a caminhar na direção de todos esses objetivos sabendo que cada um exigirá sacrifícios, perseverança, muita pressão da opinião pública, vontade política, programas específicos inteligentes e ampla participação da sociedade. Vamos ter de ousar bastante, senão continuaremos patinando.

Ousadia não significa sectarismo político. Sem negociações, entendimento, alianças e acordos em torno de objetivos pontuais, não haverá força suficiente para promover nenhuma mudança. Vamos errar, aprender com os erros e recomeçar. É assim que os países avançam. Depende também de nós. Fazer-nos de vítimas da maldade alheia, da corrupção alheia, da incompetência alheia é muito ruim e não resolve. Só faz nos sentirmos superiores e isentos de culpa. E omite o fato de que somos todos, em alguma medida, co-responsáveis. Vamos arregaçar as mangas e construir essa outra realidade, mas com os pés na terra e avançando passo a passo, deixando a retórica de lado e pensando em soluções objetivas, ainda que sempre parciais e insuficientes. Um dia de cada vez. Sem ilusões. Com os pés no chão. Mas também sem essa descrença e essa apatia, que só colaboram para que tudo continue como está. Ou piore.

Insisto no passo a passo e falo em programas. Não há contradição. Bons programas são modulares, ou seja, respeitam os estágios, os passos, as transições, as nuances, as sutilezas, as idas e vindas. O fato de abandonarmos os discursos utópicos e os modelos pretensiosos que prometem soluções completas e globais não significa que estejamos abandonando a racionalidade dos programas. Uma prática sem um programa que a oriente é um caminhar às cegas, sem rumo. É puro improviso. Na política, isso se chama voluntarismo e tem sido uma das maiores pragas nacionais. Sobretudo na área da segurança.

Para que você saiba de onde vieram essas idéias que, juntas, formam esse tal programa de que lhe falo, seria bom que lhe contasse o seguinte: eu não as inventei. Elas estão por aí, circulando em muitas cabeças e sendo, várias delas, testadas em muitas experiências, realizadas no Brasil e no exterior.

No Brasil, as melhores experiências, curiosamente, têm sido aquelas realizadas na esfera municipal. Destaque-se aqui a experiência conduzida pela secretária Regina Mikki e o prefeito José de

Filipe, em Diadema. Ao nível do estado, a mais fértil, consistente, ambiciosa, inteligente e de perfil sistêmico, apesar de graves dificuldades e limitações, tem sido a de Minas Gerais, sob a batuta de Luiz Flávio Sapori, Antônio Augusto Anastasia e do governador Aécio Neves. Não poderiam ser esquecidas as iniciativas pioneiras do saudoso coronel Carlos Magno Nazareth Cerqueira, a lucidez e a transparência de Helio Luz, o êxito do GPAE, sob a liderança exemplar do tenente-coronel Antônio Carlos Carballo Blanco, no Rio de Janeiro, e os projetos-piloto vitoriosos do coronel Augusto Severo, em Belo Horizonte.

No exterior, alguns dos destaques têm sido Bogotá, Boston, nos anos 1990, e Nova York, os consórcios locais italianos, os contratos de gestão franceses, os experimentos preventivos ingleses e a ouvidoria irlandesa. Tem havido experiências interessantes no Uruguai, em Santiago do Chile, no Peru, no Panamá, na Cidade do México.

Meu esforço tem sido, nos últimos 15 ou 20 anos, reunir esse conhecimento e essas experiências, buscando aprender com quem faz, com os que viveram o dia-a-dia. Eu próprio acabei me tornando gestor de algumas dessas experiências e procurei fazer a minha parte – a este respeito escrevi o livro *Meu Casaco de General: 500 dias no front da segurança pública do Estado do Rio de Janeiro* (Companhia das Letras, 2000). Deixei de ser professor e pesquisador e meti a mão na massa. Acertei e errei. Procurei ouvir, com humildade, todas as partes envolvidas no drama coletivo da violência. Dialoguei com as famílias que perderam seus filhos, em todas as frentes dessa guerra insensata. Conversei esses anos todos com policiais e traficantes, juízes e defensores públicos, promotores e agentes penitenciários, presos e funcionários das entidades socioeducativas, conselheiros tutelares e professores, agentes de saúde e secretários de Segurança, peritos e pesquisadores, psicólogos e psicanalistas, médicos e guardas municipais, governadores e prefeitos, deputados e senadores, e até com dois presidentes da República.

Meu trabalho não passa de uma síntese e de uma sistematização do que encontrei de melhor, do que alcançou os melhores resultados. Claro que com adaptações aos dois focos deste livro: as urgências nacionais, em seu conjunto, e o estado do Rio de Janeiro, em particular.

Só lhe peço um favor. Antes de começar a ler, lembre-se de que as instituições que existem nasceram um dia e vão morrer um dia. Elas não são eternas nem naturais. São artifícios humanos, criados para resolver alguns problemas, de forma justa ou injusta, a favor de alguns ou de todos. Isso significa simplesmente o seguinte: se as instituições deixam de funcionar, isto é, deixam de resolver problemas e se tornam parte dos problemas, ou se o tipo de solução que oferecem não interessa a todos – ou seja, não é justa –, temos de mudá-las, de substituí-las por outras.

Quando, por alguma razão, as condições tornam impossível mudá-las e substituí-las, temos de mudar essas condições. Seria um absurdo nos resignarmos, como nação, à impotência.

É o que acontece, hoje, com as polícias, as penitenciárias, as entidades socioeducativas, a política criminal e a política de drogas. Não funcionam. Temos de mudá-las. Temos de substituí-las por outras.

Vamos deixar de meias palavras. Reformas superficiais não bastam.

Podemos fazer isso? Podemos ir tão fundo, tão longe, com tanta radicalidade? Sim, podemos. Outros países fizeram isso e o mundo não acabou. Melhor fazermos logo, antes que o mundo desabe sobre nossas cabeças. Aliás, já está começando a desabar. Não temos muito tempo. Possível é. Quem diz que não é ou tem preguiça de pensar, ou ignora as experiências mundiais, ou não conhece a gravidade de nossa situação, ou está interessado em manter as coisas como estão, por conveniências corporativistas.

Mas não pensem que advogo o desemprego em massa para os profissionais da justiça criminal e da segurança pública. Nada disso. Mesmo com as mais profundas transformações, seus direitos trabalhistas podem e devem ser garantidos. Um novo processo de capacitação deve se impor a todos. Mas isso não significa exclusões de quem não tem o que temer diante da Justiça. Pelo contrário, no novo contexto gerado pelas mudanças, os profissionais seriam respeitados e valorizados como nunca foram em nosso país.

Haveria diferentes formas de lhe apresentar minhas propostas para a segurança pública e as razões que as justificam: um tratado técnico, um relatório acadêmico, uma pesquisa científica, uma coletânea de relatos, com testemunhos e denúncias, uma ficção que leve o leitor ao fundo do inferno para que sinta bem de perto as emoções e o cheiro da realidade (parece uma contradição, mas não é: às vezes nada é mais real do que a ficção). Já tentei todos esses caminhos. Alguns foram mais eficientes do que outros, mas nenhum foi capaz de explicar, com a clareza necessária, o que acredito que deva e possa ser feito para solucionar esse impasse – a insegurança crônica – que nos assusta, provoca tanto sofrimento inútil e trava os passos do país.

Escolhi uma estratégia diferente. Imaginei um conjunto de reportagens e entrevistas fictícias escritas em um futuro próximo.

Intercalei essas imaginárias "notícias do futuro" com lembranças do passado, lembranças verdadeiras, para compartilhar com você um retrato revelador e menos conhecido dos bastidores do poder. As cenas de bastidor, todas verídicas, comprovam a gravidade da situação e mostram algumas ligações entre política, polícia e crime. Resolvi incluir essas narrativas em primeira pessoa para que você entenda as razões pelas quais as mudanças que proponho teriam de ser tão amplas e drásticas.

Um dos personagens das "notícias do futuro" é um futuro presidente da República; outro, um futuro governador do Estado do Rio de Janeiro; há também uma secretária de Segurança e um deputado federal. Esses personagens imaginários agem e falam para implantar e explicar as propostas desse programa que defendo e que desejo lhe apresentar. Acho mais interessante ouvir essas explicações desse modo, através da voz desses personagens, porque tudo fica mais compreensível, claro, palpável e vivo. São personagens do meu sonho. Dizem e fazem o que eu gostaria que presidentes, governadores, secretários e deputados dissessem e fizessem.

Os protagonistas são figuras improváveis, mas não impossíveis: dois governantes sensatos e corajosos, honestos e dispostos a sacrificar suas respectivas carreiras para salvar o Brasil e, em particular, o Rio de Janeiro. Uma secretária de Segurança serena, objetiva e, ao mesmo tempo, ética, profunda e revolucionária. Não ria. Você sabe que milagres às vezes acontecem. Sobretudo quando o que ocorre se passa na dimensão humana. Talvez você tenha esquecido, talvez todos nós tenhamos esquecido, mas os seres humanos também possuem virtudes. E as mulheres e homens públicos também.

Churchill jogou sua vida e o destino da Grã-Bretanha na decisão de não negociar com Hitler e de resistir ao nazi-fascismo. E o mundo lhe ficou devendo a liberdade reconquistada.

Roosevelt ousou reinventar seu país, à beira do abismo, transformando a grande depressão dos anos 1930 no despertar de uma nação mais generosa e democrática, com a política da nova aliança – o *New Deal*.

Tancredo Neves ocultou sua enfermidade para não prejudicar a transição democrática e pagou com a vida o preço dessa ousadia – ele, que era tão prudente, soube ser destemido e radical consigo mesmo.

De todo modo, garanto que não pensei em nenhum plano mirabolante que exija heróis ou santos. Só uma pitadinha de inteligência e ousadia. Não é muito. Sobretudo tendo em vista a situação atual e a magnitude do que está em jogo.

Ah! Ia passando por cima de um dado óbvio mas freqüentemente omitido: somos um país democrático – pela primeira vez em nossa história – há pouquíssimo tempo. Nossa Constituição – a primeira realmente democrática, apesar de suas limitações – foi promulgada em 1988. Os países que vivem uma democracia consolidada acumulam experiências seculares e ainda tropeçam. Como democracia, somos superjovens. Quase tudo está ainda por construir. É muito cedo para jogarmos a toalha.

Passo imediatamente às notícias imaginárias de um futuro próximo, intercaladas por flashes de memória que retratam algumas situações que vivi há não muito tempo nos bastidores da segurança pública. Futuro e passado dialogam indiretamente.

Na segunda parte do livro você encontrará um breve diagnóstico da criminalidade e das instituições da segurança pública, seguido de uma apresentação sumária e sistemática das propostas que você conhecerá, primeiro, sob a forma de relatos jornalísticos ou entrevistas imaginários. Decidi incluir a versão didática porque, apesar da redundância ao nível do conteúdo, ela pode facilitar a consulta e a organização de sua própria memória. A primeira parte provavelmente deixará você com uma impressão confusa, em função da profusão de idéias, argumentos e iniciativas narradas. A segunda exibirá a ordem que liga as propostas entre si.

Primeira parte

I

2 de janeiro de um ano futuro, na TV

Segundo dia dos novos mandatos executivos

JORNAL NACIONAL – TV GLOBO

Locutor – Dia de caos no Rio de Janeiro.

Locutora – O Rio parou na maior operação de apreensão de armas já desencadeada no Brasil.

Imagens aéreas mostram patrulhas do Exército e veículos da Polícia Rodoviária Federal em pistas de acesso à Baixada Fluminense e à capital do estado, na Ponte Rio–Niterói, nas Linhas Amarela e Vermelha, em acessos a favelas, em túneis da Zona Sul, no Aterro do Flamengo, no Centro da cidade, em pontos estratégicos da Zona Oeste e da Barra da Tijuca.

Locutor – O Exército e as polícias fecham o cerco para asfixiar o transporte de armas no estado. Foram 100 quilômetros de engarrafamentos.

Locutora – Marinha e Aeronáutica participam da operação.

Imagens aéreas acompanham embarcações da Marinha patrulhando em alta velocidade a costa fluminense.

Locutor – Os primeiros aeroportos clandestinos foram identificados e dinamitados.

Imagens do alto mostram explosões em um campo de pouso.

Locutora – Governador e presidente se reúnem para acompanhar as operações e avisam que vão convocar prefeitos da região e a sociedade para o grande Mutirão pela Paz.

Imagens mostram o presidente João de Souza sendo recebido pelo governador do Estado do Rio de Janeiro, José da Silva, na pista do aeroporto internacional.

Locutor – O *Jornal Nacional* está entrando no ar.

A música de abertura ocupa a cena e as câmeras se fixam na dupla de apresentadores, que remexem em seus papéis com estudada espontaneidade.

Locutora – Antes de entrar no helicóptero, ao lado do governador do Rio de Janeiro, o presidente falou com a imprensa.

Imagem do presidente se dirigindo ao batalhão de fotógrafos e microfones.

Locutor – O presidente inaugurou seu mandato com um discurso forte sobre segurança pública.

Imagem do presidente em close: "Acabou o tempo em que o governo federal brigava com os governos estaduais para saber se a segurança era problema de um ou de outro. Eu e o governador José da Silva sabemos que o problema é nosso. Acabou o tempo do empurra e da desconversa. E acabou também o tempo em que o governo federal oferecia ajuda aos governos estaduais. Só oferece ajuda quem não é parceiro de todos os dias, quem não compartilha todos os momentos de uma luta comum. Vamos criar o sistema único de segurança pública no Brasil. Vamos mudar as polícias, o sistema penitenciário, as entidades socioeducativas, e reduzir as desigualdades no acesso à Justiça. Mesmo que as circunstâncias não permitam muita folga nos juros e no superávit primário, pelo menos de uma coisa os brasileiros podem ter certeza: acabou a tolerância com essa situação caótica e selvagem que nós estamos vivendo, no Brasil, há duas décadas, na área da segurança pública. Acabou o tempo da tolerância com a selvageria policial e com a selvageria do crime. Chega de barbárie nos cárceres brasileiros. Enquanto a lei não valer do mesmo jeito para todos, a cidadania e a democracia serão uma farsa no Brasil."

Locutora – Depois da inspeção aos pontos estratégicos da operação, o presidente João de Souza e o governador José da Silva, acompanhados do prefeito da capital, foram ao Palácio Guanabara, onde instalaram o Gabinete de Gestão Integrada da Segurança Pública do Estado do Rio de Janeiro.

Imagens mostram o governador discursando, ao lado do presidente e do prefeito, para uma ampla audiência disposta em círculo. A câmera corre o salão majestoso até fixar-se no governador, que diz: "A palavra é integração."

Locutor – Você vai ver ainda nesta edição...

Locutora – As primeiras reações da população.

Locutor – Os primeiros resultados e a opinião dos especialistas.

Locutora – Daqui a 30 segundos, no *Jornal Nacional.*

II
Quem riu por último, em 2003

A descoberta do que é a Polícia Rodoviária Federal foi uma grata surpresa. Um privilégio do cargo que ocupei em Brasília, por dez meses, em 2003. Como secretário Nacional de Segurança Pública, tive a chance de conviver com profissionais da PRF e de conhecer por dentro seu cotidiano, seus dilemas e potencial. Quando participei da elaboração do plano nacional de segurança para o então pré-candidato Lula, entre 2000 e 2002, propus que deixássemos de fora a Polícia Federal e a PRF, assumindo nossa ignorância e indicando apenas que deveriam ser realizados diagnósticos institucionais sobre ambas, para que projetos bem fundamentados fossem formulados. Eu estava certo, recomendando prudência. As informações que circulavam sobre ambas, mesmo entre especialistas, eram irrisórias. Mas foram os profissionais da PRF que mais me impressionaram, desde o período da transição, quando atuei, entre mais de 80 técnicos, como o único representante do futuro governo Lula na área da justiça e da segurança. O fato de haver um só representante já demonstrava que a importância atribuída a essa matéria era mínima.

Da Polícia Federal eu tinha uma impressão sombria. Sombria porque nebulosa, incompleta, indefinida, e também porque pouco alentadora. Mais do que palavras críticas, contava para meu juízo o testemunho da perseguição política. Dois delegados da maior qualidade, profissional e moral, que me visitaram em casa em 2002, durante a campanha eleitoral, no Rio de Janeiro, quando eu era candidato a vice-governador na chapa do PT, foram deslocados das funções relevantes que exerciam como forma de punição e de sinalização para os demais que ousassem aproximar-se de mim. Um primitivismo de arrepiar. Coisa da idade da pedra lascada.

Em novembro de 2002, durante o processo de transição, fui procurado por entidades que representavam policiais rodoviários em 16 estados. A reunião cheia de gente foi antecedida por sessões de fotos e troca de amabilidades. Apesar do clima cordato, eu estava preparado para enfrentar demandas corporativistas justificáveis, mas, provavelmente, impossíveis de atender. A surpresa não poderia ter sido maior. Os representantes da categoria só me pediram dois compromissos: o apoio do governo à luta dos profissionais contra a corrupção que grassava no interior da instituição – apesar dos méritos excepcionais do general Moraes, um comandante excelente, por cuja manutenção no governo lutei o quanto pude, em vão – e o fim do loteamento político da PRF, quer dizer, o fim das indicações políticas para os cargos técnicos, sobretudo para as superintendências regionais, que aconteciam a torto e a direito, contra o desejo da categoria e do comando. Esse aparelhamento desmoralizava a instituição e era a principal fonte seja da corrupção, seja da ineficiência.

Era emocionante ouvir aquilo. O Brasil tem jeito, a segurança tem saída, a humanidade merece nossa fé. Pensei coisas bonitas e alentadoras assim. Tive vontade de abraçá-los um a um e cantar o Hino Nacional. Para mim, era uma espécie de reencontro com a própria razão de ser da crença no país.

Enchi o peito, com orgulho, e respondi com toda a convicção: "Eu lhes garanto que esse procedimento absurdo não se repetirá no governo Lula. Afinal, por que lutamos durante décadas? Não foi para um dia sermos capazes de fazer política de outro jeito e mudar o país? Sempre denunciamos o loteamento político, o aparelhamento e outras indignidades. Podem contar comigo e confiar no governo."

Eles não pareciam céticos. Ao contrário, mostravam-se otimistas – como quase toda a sociedade, naquele momento. Mesmo assim me advertiram: "Vamos visitar o senhor, novamente, daqui a alguns meses."

Lula tomou posse, fui confirmado na Secretaria Nacional de Segurança e a vida seguiu seu curso. Pus o pé na estrada e saí atrás do apoio dos 27 governadores ao nosso plano nacional, porque só poderia ter êxito um consenso negociado, sem arrogância ou tentativa de manipulação. Para construir um sistema único de segurança (o SUSP), reformando as polícias e viabilizando a cooperação entre instituições dentro dos e entre os estados, seria indispensável o envolvimento ativo de todos os principais atores políticos. Felizmente, até agosto de 2003, todos os governadores assinaram o termo de apoio ao plano nacional e nós instalamos, como primeiro passo da nova caminhada, 27 gabinetes de gestão integrada da segurança pública, um em cada estado.

Cabia ao presidente fazer a sua parte: não cortar os recursos do Fundo de Segurança Pública; enviar ao Congresso um projeto de lei normatizando o SUSP (com exigências mínimas de qualidade que todas as polícias existentes ou a serem criadas teriam de cumprir), e uma emenda constitucional retirando da Constituição a definição do modelo de polícia e transferindo aos estados a autoridade para escolher seu próprio modelo, de acordo com suas necessidades e possibilidades.

Lula não fez sua parte. Preferiu não cumprir suas promessas de campanha, consolidadas no plano nacional, porque temia tornar-se o maior protagonista nacional da área da segurança. Por uma razão muito simples: o sucesso das reformas viria a longo prazo; a curto prazo, continuariam os problemas. E todos eles acabariam sendo imputados ao presidente, se ele se transformasse no líder do processo de reforma da segurança. Seria mais prudente deixar a bomba no colo dos governadores e evitar riscos de desgaste. Uma pena. Mais uma vez o cálculo político preservava o ator político, mas contrariava o interesse público. Estivemos a um passo da grande mudança... Claro que a mudança dos marcos legais, por si, não resolveria os problemas, mas criaria as condições para que as reformas começassem a ser realizadas. Hoje, por maior que seja a boa vontade de um governador, a camisa-de-força constitucional bloqueia qualquer iniciativa reformista mais profunda. As melhorias possíveis, atualmente, são muito limitadas, porque as estruturas organizacionais das polícias não podem ser tocadas.

Quando meu trabalho no governo começava a engrenar, fui

procurado por alguns policiais da PRF, no Rio de Janeiro. Precisavam falar comigo, privadamente. A conversa foi curta e objetiva. Eles confiavam em mim o suficiente para se arriscarem a trazer-me denúncias muito graves sobre o então superintendente, no estado. As informações eram inacreditáveis e envolviam receptação de carga roubada, adulteração de combustível, contrabando e outros crimes. Os esquemas estavam documentados e as descrições eram realmente impressionantes.

Pedi que indicassem dois colegas para acompanhar-me, imediatamente, a Brasília. Telefonei ao diretor-geral da PRF e o convidei para uma reunião em meu gabinete. Tomamos o primeiro vôo. A reunião foi tensa. O diretor custou a crer. Exigi a exoneração do superintendente. Mesmo que tudo fosse um engano, um mal-entendido ou uma armação, o fato é que ele não poderia continuar ocupando um cargo de confiança de tamanha responsabilidade enquanto o caso não fosse esclarecido. Finalmente, o diretor rendeu-se, quando ameacei ir direto ao presidente. Eu estava blefando. O presidente deixou de receber o segundo escalão desde a posse. O *Núcleo Duro* blindara o gabinete.

Na manhã seguinte o *Diário Oficial* registrava a exoneração do posto de superintendente da PRF no Estado do Rio de Janeiro, que é um cargo de confiança – não houve demissão da polícia, evidentemente, porque isso requer longo processo, que envolve investigação e, claro, amplo direito de defesa.

Em torno do meio-dia, o superintendente afastado me ligou, com insistência. Assessores que atendiam meu celular estranharam a atitude e perceberam indisfarçável agressividade no tom da voz. Estranharam porque os policiais costumam respeitar a hierarquia e a disciplina, mesmo em situações tensas. Ligar diretamente para um secretário nacional não ocorre nunca a um profissional de posição subalterna. Não que eu me importasse com essas coisas. Mas era significativo. O recado que me mandava, repetidamente, era o seguinte: ele sabia que fora eu o responsável por sua exoneração. Que não era justo; não podia acontecer.

Atribuímos a impertinência à revolta natural, sobretudo em se sabendo das conseqüências, uma vez que, dados os motivos, a exoneração seria apenas o primeiro passo de um procedimento de apuração, administrativo e criminal. Isso caíra como uma bomba na vida do superintendente. Era compreensível o desespero. A impunidade se tornou tão comum no Brasil que rompê-la causa perplexidade.

Não dei maior importância aos telefonemas.

Uma hora depois recebemos comunicado urgente do departamento de inteligência da Secretaria de Segurança do Estado do Rio. O Disque Denúncia recebera informação de que essa mesma pessoa estaria preparando um atentado contra mim. Era muita coincidência, ainda que isso pudesse vir de inimigos do ex-superintendente, interessados em levá-lo ainda mais para o fundo. Em ambientes minados, nunca se sabe. De todo modo, nos vimos obrigados, eu e minha equipe, a intensificar as medidas de segurança. Até porque eu estava de partida para o Rio.

À noite, na Rua do Catete, o segundo carro de minha segurança – passei a circular com dois carros – identificou um Passat branco com quatro homens nos seguindo. Numa manobra ágil, o Passat foi fechado, mas o motorista desconhecido foi ainda mais rápido, subiu na calçada e fugiu pela contramão por uma rua lateral. O segundo carro da segurança não tinha licença para segui-lo, porque a norma elementar recomenda cautela com esses movimentos que podem ser meras ações diversionistas, realizadas exatamente com a intenção de atrair a atenção do veículo que atua na cobertura, deixando o alvo vulnerável. Descobrimos que a placa do Passat era fria.

Dois ou três dias depois, o prédio onde moram meus pais desde 1964, na Rua das Laranjeiras, numa área pacata, foi alvejado com vários tiros, em plena madrugada. Janelas quebraram. Moradores desceram à rua em pânico. Segundo o porteiro, alguns homens desceram de um automóvel e atiraram em direção ao prédio.

Evitei dar publicidade ao episódio por várias razões. Meus pais e seus vizinhos também preferiram a discrição.

Começaram a chegar recados do ex-superintendente: quem ri por último ri melhor. Fulano de tal o substituiria. Gente sua. Gente de seu grupo político. Eu não perdia por esperar.

Levei o caso ao ministro da Justiça, meu superior hierárquico. Aliás, compartilhei com ele todos os lances do episódio, desde o início.

Aproximadamente uma semana depois dos tiros em Laranjeiras, o ex-superintendente sofreu um atentado e quase perdeu um braço. Sobreviveu por milagre. Nosso pessoal da inteligência correu à delegacia e constatou uma curiosa interferência de seu irmão, policial civil, no boletim de ocorrência, o qual registrava apenas uma tentativa de assalto. Aos poucos deciframos o enigma: o ex-superintendente, provavelmente, já havia recebido – antes da exoneração – pagamentos por "serviços" ou "produtos" que não poderia mais entregar, em função da perda do cargo.

Avisei ao ministro sobre mais esse lance e lhe pedi todo o cuidado do mundo na nomeação do substituto.

O quadro se tornava cada vez mais complicado e a cada dia mais tenso.

Pedi que a Polícia Federal interviesse e investigasse.

Alguns dias depois, um calafrio percorreu minha coluna quando li o *Diário Oficial,* levado por um assessor inteiramente transtornado. O governo nomeara a tal pessoa que o ex-superintendente anunciara em seus recados irônicos e ameaçadores. Desci aos saltos a escada privativa que ligava meu gabinete ao do ministro. Entrei sem fôlego e sem voz. Ele estava de pé e se antecipou. Sabia por que eu estava ali e imaginava meu sentimento. Ele próprio estava profundamente chateado e desconfortável, mas, infelizmente, fora impossível impedir a nomeação. José Dirceu já havia negociado com Roberto Jefferson aquela superintendência e o acordo tinha sido fechado.

Moral da história: O ex-superintendente exonerado por minha pressão foi preso pela Polícia Federal um ano depois desse episódio. As acusações se confirmaram. Ele havia sido indicado pelo deputado Jefferson, assim como seu sucessor o seria. Era pessoa do grupo político do deputado, no estado do Rio, assim como seu sucessor. Isso, entretanto, não significa que o deputado soubesse de suas práticas criminosas ou que tenha sido seu cúmplice. Tampouco significa que o sucessor fosse capaz dos mesmos procedimentos. Os ministros envolvidos no episódio evidentemente não aceitariam nenhuma cumplicidade com tais práticas. Meu intuito foi simplesmente relatar os fatos. Eles apenas mostram, de meu ponto de vista, que o rigor com que agentes políticos se aplicam à tessitura de alianças nem sempre corresponde àquele aplicado a outras questões e compromissos. Mesmo quando essas outras questões são graves a ponto de mexerem com a vida e a morte, como é o caso da segurança pública.

O segundo encontro com os representantes regionais da PRF foi melancólico. Eu os olhava num misto de vergonha e decepção. Intuí que eles compartilhavam esses sentimentos. As palavras foram escassas. Não sei até que ponto eles retiveram de mim a imagem de alguém que tentava cumprir o seu dever, mesmo derrotado, ou se passaram a me ver como um elo nas engrenagens dessa máquina degradada que é a politização da segurança e do serviço público.

Anos depois foi irônico que o mesmo par, Dirceu e Jefferson, protagonizasse a catástrofe ética do governo.

III
2 de janeiro de um ano futuro, nos jornais

JORNAL *O GLOBO*

Entrevista com o governador José da Silva:

O Globo: Por que uma mulher empresária na Secretaria de Segurança?

Governador: Como eu disse ao longo de toda a campanha, chega de mesmice. Se queremos mudar o modelo, temos de mudar para valer, em todos os aspectos. Nesse caso há também razões bastante específicas. Sempre disse, não é novidade para ninguém, que nosso problema, na segurança, é, antes de mais nada, gestão, por um lado, e estrutura organizacional, por outro. Estrutura organizacional que ofereça mecanismos adequados à gestão. Só haverá gestão racional quando as instituições da segurança se organizarem como qualquer empresa bem-sucedida se organiza no mundo contemporâneo: conhecendo o problema para o qual têm de oferecer resposta; planejando o que vai ser feito; avaliando o que foi feito; identificando erros e acertos, e monitorando todo o circuito, para que haja aperfeiçoamento progressivo. Ninguém melhor do que uma administradora testada para enfrentar o desafio de fazer com que 45 mil profissionais comecem a trabalhar de modo mais racional e cooperativo, orientando-se para o cumprimento de metas sob supervisão crítica da sociedade.

O Globo: O senhor não acha que antes dos temas administrativos a população quer ver polícia na rua e soluções práticas?

Governador: Se a população quer soluções práticas, vamos ter de começar pelos temas que você chamou de administrativos. Vou lhe dar um exemplo bem concreto. Vamos tomar o caso do seu jornal. Digamos que os diretores de *O Globo* não soubessem quantos leitores o jornal tem, quantos exemplares são vendidos nas bancas, quantos são os assinantes, quais são os anunciantes, quais as variações no número de leitores decorrentes das mudanças editoriais, que repórteres estão produzindo quais matérias, qual a qualidade do que fizeram ontem, qual a pauta para hoje, quais as prioridades para o próximo mês. Seria possível dirigir o jornal desse jeito? Diante de uma situação absurda como essa, você acha que faria sentido alguém dizer: parem de discutir esses temas burocráticos e administrativos, vamos tratar do que interessa, do que é prático, da produção de notícias...? Claro que essa pessoa estaria demonstrando não fazer a menor idéia do que está acontecendo. É exatamente a mesma coisa. Quem diz, nesse momento, no Rio de Janeiro – e eu ousaria acrescentar no Brasil –, que é preciso agir, resolver os problemas práticos da segurança e deixar a gestão para depois não está entendendo nada. Não sabe que, para conseguirmos ser práticos e resolver os problemas da insegurança, temos, antes, de construir os meios necessários para alcançar os objetivos.

O Globo: Especulou-se durante a campanha que o senhor mesmo assumiria a Secretaria.

Governador: Em campanha se especula muito. Eu nunca pensei nisso. Seria um despropósito. Só imagina uma coisa tão estapafúrdia quem não tem a mínima noção do que seja uma Secretaria de Segurança e o cotidiano de um secretário, ou um governo e o cotidiano de um governador. Pode ser que num Cantão da Suíça isso seja possível.

O Globo: Mas o senhor poderia deixar a gestão cotidiana nas mãos de outra pessoa e ficar com as decisões mais importantes. Era isso que se comentava na época da campanha.

Governador: Autoridade dividida é autoridade enfraquecida. Em pouco tempo, os chefes das polícias e os demais secretários e até mesmo a mídia só aceitariam falar com quem manda, com quem tem a última palavra. Além disso, no Rio, na situação calamitosa que é a nossa em matéria de segurança pública, todas as decisões são importantes, todas são essenciais e todas requerem máxima agilidade e plena autoridade. Para dar certo, o governador tem de dar carta branca à secretária. Sua eficiência dependerá de sua capacidade de gerir e comandar, e não há comando sem obediência nem obediência sem autoridade reconhecida. Portanto, um governador responsável tem de passar todo o poder relativo à segurança para o secretário ou a secretária, e tem de respaldar tudo o que ele ou ela fizer. Eu já disse que Maria Alice tem o mesmo mandato que eu. São quatro anos. Aconteça o que acontecer. Assim, quem achar que pode enfraquecê-la e provocar sua substituição vá tirando o cavalinho da chuva. Poder é perspectiva de poder. Só tem autoridade política quem for visto como titular desse poder por um longo período futuro, com estabilidade.

O Globo: A nova secretária entende de segurança?

Governador: O que significa entender de segurança? Saber como se faz para combater o crime? Quem sabe fazer isso? Pode ser que os profissionais das polícias conheçam uma parte do problema e da solução, individualmente, mas, enquanto instituição, o resultado está aí para qualquer um avaliar. É um desastre. Na verdade, hoje, a pergunta é outra. O importante não é entender daquilo que todo mundo nas polícias e no sistema penitenciário entende. Esse conhecimento pode ser muito bonito e valioso, mas não produziu, para a segurança pública, em seu conjunto, uma solução efetiva, prática e objetiva. Não resolveu nada. Só piorou. Então, se é isso que você pergunta, se você quer saber se a nova secretária, a Maria Alice, entende e sabe o que todo mundo sabe quando fala no assunto, eu lhe respondo, com a maior franqueza: espero que não.

Na segurança nós precisamos de alguém com a cabeça arejada, sem os vícios do ofício e sem a vivência que amortece o espanto. Como é que eu poderia convidar para ser secretário de Segurança uma pessoa que achasse natural não haver planejamento e avaliação nas polícias? Alguém que já soubesse que polícia é assim mesmo... Seria o caos. Estaríamos perdidos, porque quem não vive a ira santa, quem não vibra de indignação com o descalabro que são as polícias, com a insanidade que é o sistema penitenciário, quem acha tudo isso natural, porque infelizmente sempre foi assim, não vai virar noite e gritar, cobrar, mexer em tudo, até que as coisas mudem. Quem sabe e, por saber, acha que as coisas são assim mesmo já está acomodado às coisas como elas foram até hoje. Só que essas coisas que existem, esses procedimentos absurdos, arcaicos, irracionais, improvisados, ineficientes, não podem continuar. Repito bem alto: não podem continuar.

O secretário tem de ser uma pessoa revoltada com as coisas como elas têm sido, que entenda muito bem as prioridades. Os secretários típicos, tradicionais, aceitariam a máquina degradada e absolutamente irracional que são nossas instituições da segurança, e aplicariam toda sua energia no combate ao crime ali na esquina, esperando que tudo o mais se ajuste no caminho. Maria Alice, não. Ela vai olhar para a máquina, compreendendo que crime algum será combatido com eficiência, muito menos prevenido, se as instituições da segurança não sofrerem uma reforma profunda, de alto a baixo. O que eu garanto a você é que ela entende de gestão e de reestruturação de organizações. Ela sabe fazer com que instituições funcionem com competência e cumpram metas, respeitando determinadas condições e as regras do jogo vigentes. Ela está cercada de excelentes assessores, de nossa total confiança, que conhecem profundamente a segurança e suas instituições, com uma perspectiva interna mas também com a indispensável distância crítica.

O Globo: Por que não um juiz, um desembargador, um procurador?

Governador: Porque não são administradores. Não são especialistas em gestão e muito menos em reforma e modernização de organizações. Como combinar 45 mil pessoas e extrair delas seu melhor potencial, treinando-as nas técnicas mais avançadas e nos métodos comunitários tão contrários à sua formação original, oferecendo-lhes acompanhamento psicológico, coibindo desvios de conduta? O que um desembargador teria a dizer sobre isso? Eu me sinto na Semana de Arte Moderna de 1922, que revolucionou a cultura brasileira: chega de bacharéis; que venham os engenheiros. Você não perguntou: "Por que não um general?" Se tivesse perguntado, eu lhe daria a mesma resposta.

JORNAL *O DIA*

Entrevista com o governador.

O Dia: Por que a Secretaria mudou de nome?

Governador: Para descrever com mais clareza o que ela deveria fazer, isto é, qual deveria ser a sua função: prover segurança aos cidadãos, às comunidades. Dando prioridade à prevenção, porque o ideal é que o crime nem chegue a existir. Por isso, Secretaria de Segurança Cidadã e Prevenção da Violência.

O Dia: As ligações da secretária Maria Alice Cavalcanti com a iniciativa privada não poderiam vir a gerar constrangimentos ao governo? O senhor não teme ser visto como aliado de interesses privados na segurança?

Governador: Vocês da imprensa precisam decidir se vão me classificar como esquerdista ou como direitista. Ora me criticam por querer mudar tudo e rápido demais; ora me cobram por agir como um liberal conservador. A secretária vem da vida de empresa, onde está a maioria de nossos grandes gestores. Foi dificílimo convencê-la a interromper uma carreira de sucesso e muito bem paga por um abacaxi desse tamanho e muito mal pago. Mas ela demonstrou desprendimento, espírito público e coragem suficiente para não fugir ao desafio. O Estado está ganhando uma jóia rara de presente. A vida pública está recebendo; não está abrindo mão de nada. O Estado está se qualificando para cumprir seu dever com responsabilidade.

O Dia: E as indicações políticas para cargos na Secretaria de Segurança e nas polícias?

Governador: Acabaram.

O Dia: Como a sociedade pode ter certeza de que acabaram mesmo?

Governador: Ainda esta semana, vamos instalar a nova Ouvidoria da Polícia, com orçamento próprio, mandato, capacidade investigativa e a nova função, que é exatamente averiguar se está havendo algum tipo de ingerência política nas indicações de comandos ou dos demais cargos técnicos.

IV
Café da manhã no Palácio, outubro de 1999

Em 1999 fui subsecretário de Segurança do Estado do Rio de Janeiro. Em outubro fui promovido a coordenador de Segurança, Justiça e Cidadania. Era o primeiro ano do governo Garotinho, que parecia na época uma pessoa muito diferente do personagem que mais tarde se revelaria. Foi um ano animado, cheio de novidades e carregado de esperança. Começamos a implantar uma política de segurança que rompia padrões e expectativas. Durou pouco. Por motivos que vou contar adiante.

Criamos a Delegacia Legal, as 35 Áreas Integradas de Segurança, os Conselhos Comunitários de Segurança, a Ouvidoria de Polícia, o Programa de Proteção à Testemunha, a Campanha pelo Desarmamento, os Mutirões pela Paz, o projeto dos Batalhões Comunitários, a unidade de investigação do tráfico de armas, o Instituto de Segurança Pública, os convênios com a UFF para a formação policial, o curso de pós-graduação lato sensu na UERJ sobre segurança pública, a Subsecretaria adjunta dedicada a combater a violência de gênero, o DDH (Disque Defesa Homossexual), e os Centros de Referência contra o Racismo e a Homofobia, aos quais cabia definir políticas específicas de proteção a direitos e ajudar a sensibilizar os policiais para a importância desses direitos.

Travestis visitaram batalhões e isso não provocou a ruína moral da PM, mas o encontro emocionante e extraordinariamente promissor entre seres humanos que se contrapunham sem razão. Encontros face a face, desarmados, fazem milagres: derrubam preconceitos mútuos que parecem intransponíveis.

Lançamos pontes e mais pontes sobre os abismos que as desigualdades e os preconceitos cavaram na cidade e no estado.

As favelas eram nossa obsessão. Tínhamos de achar uma saída. Era inaceitável a tirania do tráfico sobre comunidades inteiras. E era também inaceitável a brutalidade ilegal e a corrupção por parte de segmentos das polícias. Era também absurda a omissão do Estado, sua ausência das comunidades. Daí nasceram os Mutirões pela Paz, embriões do GPAE, que depois faria muito sucesso como método de combinar ações sociais com policiamento comunitário, respeitoso da cidadania e eficiente.

Ouvi bastante a comunidade e aprendi muito nesse processo. Descobri que a população pobre adora a polícia e sonha com a presença do Estado, desde que seja respeitada, desde que as polícias cumpram sua obrigação constitucional de zelar pelo cumprimento das leis, cumprindo-as. Percebi que o policial uniformizado na esquina é a manifestação mais visível do Estado, das instituições públicas, para a maior parte da sociedade. Testemunhei o que é o desespero dos moradores das comunidades entre dois fogos, vivendo o terror duplo: a tirania do tráfico e o despotismo dos segmentos policiais corruptos e brutais.

Compreendi que a manifestação mais cruel das desigualdades sociais em nosso país se dá no acesso à Justiça, que começa com o comportamento do policial lá na ponta, revistando alguém, e acaba no sistema penitenciário. É aí que se experimentam as desigualdades do modo mais dramático. Um assassino confesso, profissional reconhecido, de classe média alta, mesmo condenado em primeira instância, aguarda julgamento de seu recurso em casa; enquanto isso, um jovem pobre e negro, protegido com garra e competência por uma notável defensora pública, no Rio de Janeiro, ficou preso três meses por tentativa de furto de uma bicicleta até conseguir autorização para responder em liberdade. Vamos ser francos: a população carcerária tem classe social e cor. Nosso sistema de justiça criminal age com dois pesos e duas medidas. Não sou contrário a que um condenado espere a palavra final da Justiça em casa, se tem endereço certo e sabido. Desde que esse tipo de benefício se estenda a todos. E sinto repugnância pelo instituto da prisão especial, que beneficia quem chegou ao ensino superior com direito a ficar em cela especial e a receber tratamento diferenciado. Se o crime é o mesmo, por que o tratamento diferenciado? O fato de ter estudado não tornaria ainda mais grave a decisão de cometer o delito? Há retrato mais feio, mais escancarado, mais despudorado de nossas desigualdades?

Nos primeiros dias de outubro daquele ano, o governador convocou os cinco futuros coordenadores do governo ao Palácio Laranjeiras para um café da manhã – seríamos nomeados logo depois. A coordenação era um cargo novo que cumpriria a missão de integrar grupos de secretarias. Chegamos cedo. O clima era festivo. Garotinho nos passou uma maçaroca de papéis, cheios de números. Quando nos debruçávamos sobre o papelório, tentando decifrar as estatísticas, o governador nos poupou o esforço: "87% da população fluminense aprovam nosso governo. Um dos melhores resultados do país."

Erguemos as xícaras para comemorar. Parecia o coroamento justo de um superesforço. Muita coisa no estado estava andando. Na segurança, os resultados foram os melhores – ou os menos ruins, para ser mais exato – dos últimos 20 anos (olhando-se o quadro a partir de hoje).

Em meio à celebração improvisada, Garotinho nos calou com a advertência: "Preparem-se para tocar o governo. Eu vou à luta. Ano que vem é ano eleitoral nos municípios. Ano político. E eu queria lhes dizer que sou candidato à Presidência da República."

Não me dei conta das implicações daquela decisão. Não percebi que elas me diziam respeito, diretamente. E que mudariam minha vida. Explico: quando a meta de um governo é implantar determinadas políticas públicas para alcançar resultados prometidos à sociedade, as alianças se tecem de uma determinada forma, unindo aqueles partidos e deputados sintonizados com os propósitos do governo. Quando a meta muda, mudam as alianças. Para chegar à

Presidência, as bases políticas têm de ser muito mais amplas. Portanto, vários partidos e políticos que ficaram de fora na composição do governo estadual teriam de ser incorporados, para que a nova ambição tivesse alguma chance de se realizar.

Isso fez com que, em pouco tempo, Garotinho se aproximasse de seus adversários na Assembléia Legislativa. E qual o preço que os novos aliados cobraram para aderir ao governo, começando a calçar os sonhos presidenciais do governador? Minha cabeça e o sacrifício de nossa política de segurança reformista. Uma política que estava dando certo, mas que prejudicava determinados segmentos policiais vinculados a esses setores políticos.

Em menos de três meses, eu seria exonerado do governo pela televisão, em uma entrevista do governador ao *RJ-TV,* da Rede Globo, numa sexta-feira, dia 17 de março de 2000. Eu e a política de segurança que inauguramos no estado do Rio, e que depois seria copiada em vários estados, fomos a moeda de troca. Deveria ser o contrário: se uma política dá certo e eleva a popularidade de um governador, seria de se esperar que ela fosse mantida, até mesmo pelos interesses políticos de quem precisa do sucesso para postular posições de poder ainda mais elevadas. Não é assim, infelizmente. As ambições pessoais falam mais alto e os novos projetos exigem novas alianças, as quais se tornam mais importantes do que as políticas que fizeram o sucesso do governo.

Sofri ameaças porque denunciara o que ficou conhecido como "a banda podre das polícias" e tive de sair do país.

Moral da história: Uma política pública pode ser interrompida por estar dando certo. E poderá sê-lo muito cedo, antes de lançar raízes e se consolidar. Como reduzir os riscos de que isso aconteça? Votando certo? Tudo bem, isso é sempre importante. Mas não basta. Não há santos – até existem alguns, sim, santos e, sobretudo, santas; são raros, raríssimos. Não faz sentido esperar que o espírito público prevaleça sobre o interesse egoísta, o cálculo privado, as ambições da carreira. É muito bonito, há casos em que essa grandeza se afirma, mas seria ingênuo e romântico esperar que esse comportamento se generalizasse. Na política não é diferente. Há homens e mulheres, não santos e heróis.

Se as coisas são assim, sejamos realistas e pensemos com objetividade. Ao invés de catar santos e heróis no palheiro das eleições, criemos instituições capazes de transformar vícios privados em virtudes públicas. Ou seja, capazes de funcionar de tal forma que as ações orientadas pelo auto-interesse rendam frutos coletivos e beneficiem a sociedade.

Uma forma de fazer com que instituições ajudem a proteger boas políticas públicas da voracidade dos políticos que só pensam em aumentar seu cacife eleitoral seria a seguinte: promover a coincidência das eleições, a cada quatro anos. Atualmente há um choque entre o ciclo eleitoral, que é bienal, e o tempo de maturação das políticas públicas mais profundas, que exigem vários anos para gerar frutos e despertam severas resistências corporativas – e outras – assim que começam a ser implantadas.

No exemplo citado, se 2000 não fosse ano de eleições municipais, o governador, mesmo visando a Presidência, não precisaria precipitar a recomposição de seu governo e de suas bases de apoio. Poderia dar mais tempo às boas políticas em curso para que elas produzissem mais resultados e se tornassem sustentáveis. O desgaste provocado pela resistência às reformas nas polícias poderia ser assimilado sem maiores prejuízos, do ponto de vista do cálculo eleitoral do governador, porque ele ainda disporia de tempo para contornar as dificuldades, o que ocorreria na medida em que o sucesso das reformas lhe trouxesse respaldo popular suficiente para compensar aquele desgaste.

Como se vê, reforma política também tem a ver com segurança pública. Pode ser uma das condições do êxito das boas políticas na área.

V
3 de janeiro de um ano futuro

JORNAL *O GLOBO*

"Caos no primeiro dia de governo.

"A cidade do Rio de Janeiro viveu um dia de tumultos, boatos, desmentidos, confusões e trânsito congestionado. Às 8:30, o governador recebeu o presidente na pista do aeroporto internacional, de onde seguiram juntos de helicóptero para um vôo de observação. Todas as vias de acesso às cidades da Baixada Fluminense e à capital foram bloqueadas pela Polícia Rodoviária Federal, apoiada por tropas do Exército."

ENTREVISTA À RÁDIO CBN-RIO

Rádio CBN: Governador, o senhor não era contra o Exército nas ruas?

Governador: Continuo sendo. Sou contra o Exército patrulhando as ruas. Quem está preparada para o trabalho ostensivo é a polícia. As tropas estão ajudando o Estado do Rio a proteger suas fronteiras e os acessos a alguns pontos. Além disso, é parte das atribuições do Exército zelar pelo controle de armas no país. É isso aí. Nossa megaoperação visa desarmar os criminosos. É inadmissível que meninos empunhem armas, impunemente, nas comunidades, impondo seu poder arbitrário sobre populações faveladas. Isso é absolutamente inadmissível. Eles próprios começam como vítimas, pois entram para o crime muito cedo, ainda crianças, e acabam como vítimas, porque morrem antes dos 25 anos. E fazem muitas vítimas ao longo de seu breve itinerário nesse mundo. Quando os desarmamos, estamos protegendo suas vítimas futuras, mas os estamos protegendo também. Mesmo quando os prendemos, estamos defendendo suas vítimas futuras, mas também os estamos protegendo – ainda que para que isso seja verdade tenhamos muito trabalho pela frente, na reforma das entidades socioeducativas e do sistema penitenciário.

Sidney, é inaceitável que os criminosos transitem pela cidade assaltando com armas em punho. Basta. Chega de mortes. Estado de Direito já. Estamos reconquistando a soberania do Estado.

Rádio CBN: Quer dizer que o senhor aderiu de vez à política de "Lei e Ordem", de "tolerância zero"?

Governador: O que é isso, meu caro Sidney. Não estou entendendo você.

Rádio CBN: Desculpe, governador, mas cabe ao repórter fazer a pergunta que está na boca do povo.

Governador: Está certo. Então, vamos lá. Tolerância zero é o nome que se deu a uma política que visava prender todos os que cometessem pequenos delitos. Você acha que andar com fuzil a tiracolo nas comunidades, impondo o terror, é pequeno delito? Você acha que assalto à mão armada e assassinato são pequenos delitos? Quem dera tivéssemos apenas pequenos delitos. Eles são um mal, mas, como o nome diz, são pequenos – ainda que possam se tornar grandes se não forem enfrentados com políticas inteligentes e preventivas. O que o governo do Estado está fazendo é o que nunca se fez a sério. Estamos enfrentando o grande delito, tomando-lhe a arma que o torna um perigo à vida e ao Estado Democrático de Direito. Sidney, não dá para desarmar os bandidos só com pequenas ações e com algumas investigações aqui e ali. O caso exige providência verdadeira. Do tamanho do problema. A violência é uma calamidade pública. Não vamos parar enquanto não mudarmos o patamar da criminalidade. Quando a operação desarmamento concluir sua primeira fase, passaremos aos outros módulos previstos em nosso plano.

Rádio CBN: Quando vai acabar essa operação e qual será a próxima fase?

Governador: Essa operação vai ser mantida pelo tempo necessário, quer dizer, enquanto houver muitas armas à disposição dos criminosos. A segunda fase prevê outras iniciativas muito importantes. Vamos colocar em circulação a plataforma aérea, já usada no Rio de Janeiro, e vamos conectá-la a uma sala de comando e controle, à qual também se conectará uma ampla rede de câmeras, situadas nos pontos estratégicos do estado. Todas as operações policiais em favelas ou em suas entradas, assim como toda blitz, passarão a ser gravadas em vídeo e transmitidas para o núcleo de controle. Paralelamente, já estará em funcionamento uma unidade interinstitucional de investigação do tráfico de armas e de lavagem de dinheiro.

Mas é importante que eu lhe diga e a todos os ouvintes da CBN: acabaram as invasões bélicas às favelas; acabaram as incursões noturnas às comunidades; acabaram o Caveirão e a política do Caveirão. Favelas são bairros e merecem policiamento permanente, como acontece nas áreas mais ricas. Ninguém diz que a polícia invadiu Copacabana. Por quê? Porque a polícia nunca saiu de lá. Sua obrigação é permanecer lá para dar segurança aos moradores. O mesmo tem de valer para as favelas.

Voltando à plataforma aérea, ela foi usada no breve governo Benedita, em 2002, quando o professor Roberto Aguiar era o secretário de Segurança e Ronaldo Rangel o subsecretário. Ela não rendeu todos os frutos porque faltava a conexão com a sala de comando e controle e com um núcleo de gestão integrado. Mas mostrou que poderia ser uma grande idéia com enorme potencial. Você sabia que quem mais atirava contra a plataforma, naquela época, eram os policiais flagrados em desvio de conduta? A plataforma aérea, ou o dirigível, usa câmeras capazes de identificar pequenos gestos a quilômetros de distância. Sua utilidade se estende ao controle do uso ilegal do solo urbano, a problemas de trânsito e de meio ambiente. Infelizmente, a governadora Rosinha nem considerou dar continuidade àquela experiência porque estava associada ao governo Benedita. Esse tipo de atitude é uma lástima.

Rádio CBN: A operação foi desencadeada no segundo dia de governo, tanto estadual quanto federal. Claro que ela não poderia ter sido improvisada. Desde quando ela vinha sendo preparada?

Governador: É verdade, Sidney, essa era nossa grande preocupação. Preparar a operação para que ela acontecesse imediatamente, usando a nosso favor o fator surpresa. Para que isso pudesse ocorrer, tivemos de trabalhar duro e em sigilo durante os dois meses de transição. Nem a operação conjunta com as forças federais e as forças armadas nem a instalação do Gabinete de Gestão Integrada da Segurança Pública teriam sido possíveis se não houvesse pleno entendimento entre nosso governo e o novo governo federal.

Rádio CBN: E as ações sociais preventivas de que o senhor falou tanto na campanha?

Governador: Já estamos preparando. O problema é que cada complexo de comunidades requer um programa específico em sintonia com os problemas específicos daquele território. Como prometi, nossa política social preventiva vai ser dirigida a cada território, respeitando suas particularidades. Soluções gerais e uniformes não funcionam. Mas o alvo prioritário são mesmo os jovens fora da escola e sem emprego, com a auto-estima baixa e sem oportunidade de auto-expressão e de acesso à criação cultural. Não podemos aceitar jovens em idade escolar fora das escolas e sem acesso a atividades esportivas, culturais e de lazer. Vamos nos dedicar a atendê-los, com obsessão. Essa garotada é nossa prioridade absoluta.

Rádio CBN: Obrigado, governador. Boa sorte.

Governador: Sidney, um abraço pra você, sua equipe e seus ouvintes.

JORNAL DO BRASIL

"Carros, vans, ônibus e caminhões estão sendo revistados. 'As ações serão permanentes, enquanto as primeiras metas não forem alcançadas', disse a titular da nova Secretaria de Segurança Cidadã e Prevenção da Violência, Maria Alice Cavalcanti. O cerco visa asfixiar o transporte de armas. As entradas e saídas das oito favelas que fazem tráfico no atacado e redistribuem drogas para o comércio varejista estão sob vigilância rigorosa. Faixas nas estradas proclamam o mote que o governador usou na campanha: 'Rio sem armas; basta de violência'. O litoral está sendo patrulhado desde a madrugada pela Guarda Costeira, que a Marinha criou por determinação presidencial, no âmbito do 'Pacto entre o Estado e a União contra a Violência'. Começaram cedo também os vôos para identificação de aeroportos clandestinos no estado. A Aeronáutica tem ordem judicial para destruição imediata. Nenhum boletim foi divulgado até agora sobre os primeiros resultados das operações."

O ESTADO DE SÃO PAULO

"Depois de sobrevoarem os pontos estratégicos, o presidente João de Souza e o governador José da Silva, acompanhados do prefeito da capital, foram ao Palácio Guanabara, onde já estava reunido o Gabinete de Gestão Integrada da Segurança Pública. Antes de subir a escadaria do Palácio, em rápida conversa com repórteres, o presidente se disse 'entusiasmado com as perspectivas do trabalho integrado que está se iniciando, cujos resultados virão, mas exigirão dos cariocas e fluminenses muita paciência e muitos sacrifícios. De qualquer modo, já estamos em outro patamar muito mais maduro. Acabou a fase da ajuda: dou ajuda, não quero ajuda. A União não tem de ajudar um Estado da Federação. Tem de trabalhar em parceria, permanentemente. Só se fala em ajuda quando não há cooperação orgânica e gestão compartilhada'.

"O governador também se mostrou otimista, embora tenha assinalado que, 'na segurança pública, medidas isoladas não funcionam, porque os problemas são complexos e têm várias conexões com diversos aspectos da vida social, econômica e cultural. Além disso, mudar radicalmente as polícias, o sistema penitenciário e o sistema socioeducativo não é tarefa simples nem rápida. Portanto, não esperem soluções mágicas e resultados imediatos. Mas tenham todos a certeza de que estou determinado a ir até o fim na luta contra a violência criminal, custe o que custar. Isso requer, além da reforma das instituições, políticas sociais de novo tipo e uma gestão completamente diferente'."

FOLHA DE SÃO PAULO

"Especialistas ouvidos pela *Folha* aprovaram as iniciativas coordenadas e destacaram a importância da participação do Ministério Público e do Judiciário no Gabinete de Gestão recém-criado. Entretanto, manifestaram preocupação com os riscos de que se atribua prioridade ao controle do fluxo de armas nas favelas, esquecendo-se outros focos de problemas em outras áreas da cidade, o que poderia vir a aprofundar preconceitos.

"ONGs ligadas aos direitos humanos emitiram nota em que afirmam que, embora reconheçam as boas intenções do governo e o caráter positivo de algumas iniciativas, 'as revistas têm sido sistematicamente usadas como formas de discriminação e intimidação das comunidades e de seus moradores, o que acaba reproduzindo a tradicional dinâmica conservadora que criminaliza a pobreza'."

O POVO

"Por volta das 10 horas da manhã, a Assembléia Legislativa foi cercada por centenas de funcionários que protestavam contra a extinção de 18 Secretarias de Estado e a instalação de três Gabinetes de Gestão Integrada, considerados formas centralizadoras e autoritárias por políticos da oposição. Ainda pela manhã, associações de policiais divulgaram notas denunciando 'o desmonte das instituições da segurança, que será a conseqüência inexorável do projeto de emenda constitucional que o presidente e o governador, através de suas bases parlamentares, estão levando ao Congresso Nacional'. A nota invoca 'o espírito patriótico dos senhores parlamentares', alerta a população para o risco de desordem generalizada e ameaça com uma greve geral dos policiais fluminenses. Menciona ainda a expectativa de que novas adesões venham a expandir o movimento para outros estados."

VI
Fim de tarde no gabinete do comandante-geral, janeiro de 1999

– Professor, preciso falar com o senhor, com urgência. Era o comandante-geral da PM. Naquela época, eu era subsecretário de Segurança, mas ele me chamava de professor. Era uma deferência especial. Eu também sempre me dirigi a ele com o respeito que a dignidade do cargo impõe, ainda que nos ligassem laços horizontais de confiança mútua, traduzidos no fato de que eu o indicara para a função. Aliás, eu também indicara o Dr. Carlos Alberto D'Oliveira para a chefia da Polícia Civil.

– Coronel, basta o senhor definir hora e local.

Era fim de tarde de um dos primeiros dias de governo, em janeiro de 1999. Sabíamos, ambos, que a pequena sala caindo aos pedaços em que se empilhava minha equipe não era confiável. Temíamos escuta clandestina. A saleta que herdáramos da administração anterior era vulnerável e cheirava a mofo. Havia um só aparelho de telefone, a máquina de escrever Remington 54, poucas cadeiras, jornais velhos, papéis apodrecendo pelos cantos e gavetas entulhadas de cartas enviadas do exterior pela Anistia Internacional – jamais abertas.

Saí imediatamente para encontrar o coronel em seu gabinete.

Levou-me à sua mesa e abriu um largo envelope pardo.

– Dê uma olhada, professor.

Não demorei a compreender que se tratava de um dossiê apócrifo contra o secretário de Segurança, com denúncias comprometedoras.

Há certos grupos criminosos na polícia e na política que, ante a chegada de um novo gestor, adotam a tática da pinça: por um lado, seduzem, oferecem mimos e atenções reverentes, até envolvê-lo em sua teia; por outro, armam a ratoeira com meios sórdidos e ilícitos, recorrendo a grampos, fotos, invasão de privacidade e tudo o que propicie futuras extorsões e chantagens. No caso, o secretário era um homem correto, mas vulnerável a quem buscasse aproveitar-se de algum elemento que propiciasse interpretação duvidosa. Bastaria um dado problemático sobre um velho amigo ou motorista para que se montasse uma tempestade.

– Acabou o poder do secretário, coronel. A Secretaria está imobilizada. Na segurança pública, o governo acabou. Nossa política de segurança vai depender só de nós dois e do Carlos Alberto. O secretário caiu na armadilha.

A noite já entrava pela madrugada quando nos lembramos de jantar e nos despedimos. Era preciso localizar e prender o grupo infiltrado nas polícias que agia como quinta-coluna traiçoeira. O diabo era saber exatamente com quem se podia contar para essa investigação.

Poucas semanas depois, eu receberia meu próprio dossiê apócrifo. Repleto de informações inúteis; o dado mais espetacular era a denúncia: "comunista". Como eu era professor universitário havia cerca de 25 anos, o orçamento era magro e nada próprio a especulações caluniosas. A vida privada, menos ainda. Portanto, tinha me livrado do alçapão. Continuava livre para levar adiante a política de segurança.

Em menos de três meses o secretário seria exonerado. Recusou-se a substituir alguns comandantes de batalhões que havíamos criticado duramente, ao longo dos anos anteriores, por práticas que vinham sendo denunciadas em fóruns internacionais. Recusou-se a substituí-los simplesmente porque não podia fazê-lo. Suas mãos estavam amarradas. O secretário naufragou, imobilizado.

Se até eu recebi meu dossiê, por que o governador não receberia o seu? Que limites os governos têm de obedecer em função de chantagens criminosas?

Moral da história: Honestidade não é apenas um pressuposto óbvio e natural para o preenchimento de qualquer cargo público. No Rio de Janeiro – onde o crime organizado existe, sim, articulando segmentos políticos e policiais –, honestidade é bem mais que isso. É condição necessária para conduzir um governo com autonomia. Necessária mas insuficiente, porque a máquina de destruir reputações move-se com o combustível das suspeitas mais remotas e das calúnias. Portanto, além de honestidade, impõe-se a formação de uma unidade de inteligência e investigação independente das polícias, composta por profissionais inteiramente confiáveis e dotados de treinamento e tecnologia adequada.

VII
4 de janeiro de um ano futuro

JORNAL *O GLOBO*

"ONU vem supervisionar ações de segurança no Rio.

"Organismo da ONU dedicado à defesa dos direitos humanos foi convidado pelo governador José da Silva a supervisionar as revistas policiais, a fiscalizar as unidades penitenciárias e a acompanhar a aplicação do Plano Integrado de Segurança Cidadã do Estado do Rio de Janeiro. Fontes do Itamaraty deixaram transparecer que a iniciativa do governador provocou mal-estar. As oposições denunciaram a 'renúncia do governo à soberania' e já falam em impeachment. Segundo fontes da Assembléia Legislativa, a idéia é medir o pulso do apoio popular ao governo e solicitar o impedimento assim que o desgaste junto à opinião pública ofereça as condições políticas adequadas a uma ofensiva da oposição."

JORNAL DA RECORD

Locutor – A agenda do governador, hoje, foi inusitada. Acompanhado do secretário de Administração Penitenciária, Marcelo Freixo, ele recebeu familiares dos presos e reafirmou que está disposto a cumprir o que prometeu em campanha.

Imagens flagram o governador sentado ao lado do secretário ouvindo uma mulher que lê, de pé, um documento. Na audiência, cerca de 100 pessoas, sobretudo mulheres.

Locutora – Em seguida, recebeu lideranças do movimento negro e entregou ao ex-senador Abdias Nascimento uma cópia de sua "Carta contra o Racismo".

Imagens acompanham o deslocamento do governador em meio a um salão superlotado.

Locutor – O governador reuniu-se com representantes dos movimentos contra a discriminação sexual e reafirmou seu compromisso com o programa contra a intolerância, que pretende implementar no estado.

Imagens focalizam os figurinos coloridos. Corte para o líder do Grupo Arco-Íris, Cláudio Nascimento, que discursa de improviso.

Locutora – Nosso repórter Carlos Augusto acompanha de perto a seqüência dos encontros, que são considerados importantes na definição das próximas ações do governo. Boa noite, Carlos Augusto. Qual o panorama neste momento?

Repórter Carlos Augusto, focalizado em close, falando baixo – Boa noite, Adriana; boa noite, Celso. Aqui no Palácio Guanabara o clima é de muita agitação. Estiveram, no meio da tarde, tratando da liderança na Assembléia, alguns deputados. Mas saíram sem prestar declarações porque, segundo eles, caberá ao governador tornar públicos os convites e as propostas inovadoras que estaria encaminhando. Parece que está em curso o esforço de criação de uma liderança suprapartidária e colegiada na Assembléia, mas não houve ainda nenhuma confirmação. Neste momento, o governador José da Silva continua reunido com lideranças comunitárias. A reunião começou há mais de três horas e não se sabe qual a pauta e quais as razões para uma conversa tão longa. Os resultados são aguardados com expectativa pela imprensa, que permanece de plantão aqui ao lado do gabinete do governador.

Locutor – Quem está reunido com o governador, exatamente?

Repórter – São lideranças comunitárias, Celso.

Carlos Augusto levanta uma folha de papel e lê alguns nomes: os líderes são os representantes do movimento chamado F4, Favela 4, que congrega a CUFA, Central Única das Favelas, com forte presença na Cidade de Deus, no Complexo do Alemão, em Madureira, e em outras comunidades cariocas; o Afro-Reggae, que nasceu em Vigário Geral e hoje está em muitas partes do estado e até do país – já sendo conhecido no exterior –, a ONG Nós do Morro, que iniciou seu trabalho no Vidigal, mas também já ampliou muito sua atuação; e o Observatório das Favelas, cuja sede se situa no Complexo da Maré, mas mobiliza moradores de inúmeras outras localidades.

Locutora – É verdade que MV Bill e José Júnior estão participando dessa reunião com o governador?

Repórter – É isso aí, Adriana. MV Bill e Celso Athayde, José Júnior, Guti Fraga e Jaílson Souza. Além deles, alguns presidentes de associações de moradores também estão presentes, como William de Oliveira, da Rocinha. Quem também está presente é Marcelo Yucca.

Locutor – Especula-se que MV Bill estaria sendo sondado para ocupar uma nova Secretaria, responsável por reunir todos os programas sociais voltados para as favelas...

Repórter – Também se falou muito nos nomes dos demais presentes ao encontro, Celso. No entanto, os últimos boatos apontam para o nome de Eliana Souza, ex-moradora da Maré, que dirige a ONG CEASM, Centro de Atendimento Social da Maré. Ela também é ligada à UFRJ. Todos estão dando como certa a criação da nova supersecretaria, que pode vir a ser, na verdade, um gabinete de gestão integrada, em coerência com o novo formato do governo, Celso.

Locutora – Em um minuto, mais informações diretamente do Palácio Guanabara. A montagem do governo do Estado reserva ainda mais surpresas...

Locutor – Adriana, parece que temos novidades. Vamos voltar ao Palácio com nosso repórter Carlos Augusto.

Repórter – Celso, a reunião terminou há pouco e os participantes estão começando uma entrevista coletiva. Vamos ouvir José Júnior:

"Vocês têm de entender o seguinte. Todos nós que estamos aqui queremos ajudar as comunidades e colaborar com aqueles que desejem apoiar as comunidades. Inclusive o governo, é claro. Mas nós não somos representantes das comunidades, não somos políticos, não estamos sendo cooptados pelo governo, nem é essa a intenção do governador."

Nesse momento, MV Bill intervém:

"Ele inclusive sabe que nossa legitimidade só existe na medida em que nós nos recusamos a ocupar esse lugar de representação. Nós não falamos em nome de ninguém. Falamos em nosso próprio nome. Não temos nenhuma outra pretensão. Mas assumimos que nosso interesse é defender as comunidades, para que elas não recebam só a visita das polícias, naquelas incursões de triste memória. Recebam também a invasão de bens e serviços. Só queremos que o Estado faça sua parte, cumpra seu dever."

Jaílson Souza completa:

"Se nós passássemos a fazer parte do governo, nossa independência terminaria. A força das entidades depende de sua independência. Mas é claro que nós vemos com bons olhos a vontade do governo em nos ouvir e buscar parcerias."

Repórter – O governador convidou algum de vocês a fazer parte do governo?

Celso Athayde: "Veja bem. Uma reunião com o governador é uma coisa normal. Pelo menos devia ser normal. Se empresários estivessem reunidos com o governador, vocês estariam aqui, com toda essa curiosidade? Seria normal, não seria. Pois é, neste governo, vai ser normal conversar também com o outro lado."

Repórter – Que outro lado? Vocês se consideram do outro lado? Outro lado de quem, dos empresários?

Celso Athayde: "Pronto. Agora vocês já têm um bom motivo para especular. Eu vou indo, porque tenho muito trabalho pela frente."

Repórter – O governador disse alguma coisa sobre o que pretende fazer com a cultura, nas comunidades?

Guti Fraga: "Ele disse que admira o trabalho do Nós do Morro, assim como a cultura hip-hop e outras linguagens criativas populares. Mas eu vou deixar a explanação dos projetos do governo para o governador fazer. Só posso antecipar o seguinte: o governador José da Silva está realmente disposto a promover a maior intervenção social que já se viu nas favelas cariocas, com ampla participação social, transparência e controle externo. O projeto envolve desde controle não autoritário da natalidade até escolas em turno integral. Vai do microcrédito e de incubadoras de empresas, políticas de emprego, trabalho e renda até a criação de redes locais, conectando profissionais da saúde, da educação e conselheiros tutelares."

MV Bill: "A palavra de ordem é: nenhum jovem fora da escola."

William: "Um ponto que gostaria de destacar é que o governador considera importante o projeto de lei que concede imunidade relativa aos líderes comunitários, legitimamente eleitos, para que eles não fiquem nas mãos dos governantes e das polícias."

Repórter – Mas assim eles não ficariam nas mãos do tráfico?

William: "Primeiro, o processo eleitoral nas favelas tem de ser transparente e acompanhado por comissão externa. Segundo, caso haja a comprovação de envolvimento, é claro que as prerrogativas são suspensas. A única diferença fundamental são as exigências que passam a ser feitas aos policiais e aos inquéritos, quando o alvo das investigações são líderes legitimamente eleitos por suas comunidades. A lei torna mais difícil a chantagem e a manipulação política porque dificulta a prisão arbitrária."

Yucca: "Outra questão fundamental para nós é o fim do Caveirão, o blindado do Batalhão de Operações Policiais Especiais, de triste memória, que barbarizou nas favelas, nos últimos anos, agredindo moradores e atirando de forma irresponsável."

Repórter – O governador vai proibir o uso do Caveirão?

Yucca: "Ele disse que esse foi um compromisso de campanha e que, a partir do momento em que assumiu o governo, o uso do Caveirão está suspenso. O governador disse que o blindado só será empregado em ações de resgate de pessoas em perigo de vida, sejam policiais, sejam civis, mas não vai mais atirar ou agredir a comunidade."

Jaílson: "O importante é que as favelas e as periferias não vão receber a visita do Estado só quando houver conflito e que a polícia não será o único representante do Estado a entrar nesses lugares. Pelo menos essa foi a promessa do governador."

Repórter – Voltamos aos nossos estúdios. Adriana e Celso, é com vocês.

VIII
Uma noite em claro, maio de 1999

A sexta-feira anterior havia sido um dos dias mais difíceis e emocionantes de minha vida. Houve mais uma execução em uma favela carioca. Policiais levaram para um beco um adolescente desarmado e o mataram. A comunidade tomou o asfalto aos milhares, clamando por justiça e ameaçando depredações. Fui informado de que a situação era explosiva pelo próprio governador, que me encarregou de resolver o impasse. Eu era o principal responsável pela segurança presente na capital, porque o secretário viajara ao interior do estado. Corri para o campo da emergência e negociei com os líderes da rebelião a abertura da via pública e o retorno pacífico à favela. Impedi que a tropa de choque entrasse em ação e que o quebra-quebra voltasse a eclodir. Prometi justiça. Era o que a comunidade pedia. Justiça implicava ouvir testemunhas, o que, por sua vez, exigia providências excepcionais, uma vez que ninguém ousaria ir a uma delegacia denunciar policiais. Criei a figura da delegacia móvel e prometi que o próprio chefe de polícia iria à favela para tomar o depoimento das testemunhas. E que eu acompanharia cada depoimento.

Naquele caso eram nítidas as evidências da execução e eram inúmeros os depoimentos, mesmo dos que temiam testemunhar formalmente. Não hesitei em afirmar que tudo indicava tratar-se de execução e que o governo não aceitaria mais a brutalidade policial. Disse que não admitiríamos mais a prática hipócrita, ainda que amplamente conhecida, da ocultação de assassinatos perpetrados por policiais sob o manto justificador da categoria "auto de resistência".

"Autos de resistência" designam as mortes resultantes de ações policiais (pesquisas têm reiteradamente demonstrado que parcela significativa desses episódios envolve intenção criminosa). No estado do Rio, as mortes provocadas por ações policiais cresceram mais de 275% nos últimos sete anos: foram 300, em 1997; 397, em 1998, e caíram para 289, em 1999 – ano no qual travamos essa batalha contra a violência policial. Em 2000, o número de "autos de resistência" subiu para 441. As mortes provocadas pelas polícias alcançaram patamar mais elevado em 2001: 587 casos. A situação agravou-se em 2002, quando o número de casos saltou para 900. A tendência ascendente foi mantida em 2003, quando houve 1.195 casos.

Segundo o professor Geraldo Tadeu Moreira Monteiro, coordenador do Programa de Estudos Políticos da UERJ, os cadáveres das vítimas de ações policiais, em 2003, apresentavam, em média, 4,3 perfurações de bala, 61% delas na cabeça, sendo que em 83% dos casos não houvera testemunha civil (*O Globo,* 23 de julho de 2004).

Em 2004 houve 984 casos. Em 2005 foram 1.084.

Vale assinalar que as 20 mil polícias norte-americanas, em média, matam, em confrontos, todas elas somadas, 200 civis por ano.

A imprensa repercutiu o episódio, sobretudo pelo inusitado da franqueza com que reconheci a responsabilidade do Estado e da polícia. Como vários repórteres me contaram, à época, o que se esperava de uma autoridade, pelo hábito, era a repetição dos velhos bordões, sempre culpando as vítimas e as definindo como traficantes.

Segunda-feira, recebi a visita inesperada de um delegado, que ocupava um cargo de relevo na estrutura da Secretaria. Entrou esbaforido em meu gabinete, vermelho, arfando, camisa aberta, a carótida visivelmente aos saltos, como uma corda interna, grossa e esticada, enrolada em seu pescoço e pronta para sufocá-lo.

Agradeceu a presteza com que me dispus a recebê-lo fora da agenda e foi direto ao ponto: "Secretário, estou chegando do hospital. Tive um pique de pressão. Passei a noite em claro, tentando segurar meus homens. Eles queriam subir uns morros, matar uns 15 e deixar na sua porta. Consegui a muito custo impedir esse massacre. Mas sou obrigado a dizer ao senhor que, se houver uma próxima vez, não sei o que vai acontecer. Na polícia é assim, secretário. Quer punir, pune. Mas não declare publicamente que somos culpados porque a tiragem não engole não."

– Delegado, respondi, se o senhor não tem condições de segurar seu pessoal, é melhor pedir exoneração. Porque nós estamos só começando. Eu estou aqui nessa posição para cumprir um programa e uma das partes centrais deste programa é o fim das execuções. Outro ponto fundamental do programa é a mudança de postura diante da mídia e da opinião pública. Eu pretendo ser transparente e vou falar a verdade. Se o senhor acha que isso arruína a imagem da polícia, o senhor se engana redondamente. O que arruína essa imagem é a mentira, a hipocrisia, porque a sociedade está vendo. Ela sabe perfeitamente que o rei está nu. Não dá mais para tapar o sol com a peneira. Se falarmos a verdade, ainda teremos uma chance de reconquistarmos a confiança popular. A sociedade perdoa os erros quando são reconhecidos e quando ela vê um esforço sincero de reparação e mudança.

O delegado saiu desconcertado e não se exonerou.

Imediatamente procurei o governador e lhe pedi que determinasse ao secretário a prisão de todos os homens que estiveram próximos de promover uma chacina. O depoimento do próprio delegado valia como uma denúncia, ainda que a intenção fosse me acuar.

Não vieram prisões nem providências, mas os recados ameaçadores se multiplicaram, de forma cada vez mais direta. Os últimos avisavam que eu seria morto num sinal de trânsito, na simulação de um assalto. Mas isso só aconteceria no futuro, diziam, quando eu já estivesse longe dos holofotes e da política.

Como o futuro já chegou, faço o que posso para me proteger chamando a atenção do público para tudo isso. Não há melhor escudo.

Em outubro daquele mesmo ano, 1999, o governador ligou para

minha casa à noite, informando a descoberta de um plano para me matar, que teria sido concebido por esse mesmo grupo.

Em dezembro, esse grupo se aproximaria do poder em função das modificações políticas já relatadas no capítulo "Café da manhã no Palácio". Pouco depois, eu seria exonerado.

Moral da história: Os dados que situam as polícias fluminenses entre as mais violentas do mundo têm razões muito claras. Basta observar com atenção o ano de 1999 e procurar saber o que aconteceu naquele período. O menor número de mortes provocadas por ações policiais não é fruto do acaso nem de menor disposição dos criminosos para afrontar e confrontar os policiais em ação.

Estudos de Ignácio Cano e de Geraldo Tadeu Moreira Monteiro têm demonstrado que a maioria das mortes provocadas por ações policiais apresenta nítidas características de execução, ainda que haja grande número de mortes resultantes de ações policiais legítimas, isto é, resultantes de tiros disparados em legítima defesa da própria vida ou da vida de inocentes.

O menor número de mortes provocadas por ações das polícias é fruto de uma luta duríssima contra os segmentos policiais que precisam da desordem interna às suas instituições para manter seus negócios e seu poder. O descontrole e a ingovernabilidade das polícias – portanto, a corrupção, a ineficiência e a brutalidade – são, por sua vez, produto de um esforço vigoroso de certos grupos de policiais, dos quais as principais aliadas são as estruturas organizacionais fossilizadas, irracionais e obsoletas.

Esses grupos mentem quando criticam a politização perversa da segurança, o aparelhamento e a partidarização. Mentem porque esses males lhes convêm e são por eles instrumentalizados. A política não só intervém de fora para dentro, inviabilizando o funcionamento técnico das polícias. Também intervém de dentro para fora, visando fortalecer, através de pactos com alguns políticos, determinados interesses e nichos de poder, no interior das polícias. A manipulação tem mão dupla.

A experiência de 1999 demonstra que é possível mudar essa realidade e, ao mesmo tempo, mostra que não é possível.

Foi possível, tanto que os números estão aí, descrevendo os melhores resultados dos últimos 20 anos.

Não foi possível, já que fui exonerado, perdi a batalha, tive de sair do país, e as velhas práticas voltaram com carga total, furiosamente: as mortes provocadas por ações policiais saltaram, como vimos, de 289 (em 1999) para 1.084 (em 2005).

No dia em que o governador me demitiu pela TV, dezenas de policiais celebraram diante da sede da chefia da polícia, como se estivessem comemorando a vitória na Copa do Mundo. O *Jornal do Brasil* publicou na primeira página a foto da festa, em sua edição do dia 18 de março de 2000. Ao lado da foto lia-se a declaração do novo chefe de polícia, que substituíra meu amigo Carlos Alberto D'Oliveira: "Agora vamos trabalhar em paz. Esse homem só falava em direitos humanos."

A lição que extraio desse paradoxo é simples: se houver vontade política e se essa for a prioridade do governo, dá para mudar. Mas não será fácil vencer as resistências. O custo da mudança será alto. Os segmentos policiais que resistem são capazes de produzir muitos danos e contam com fortes parceiros no mundo da política.

Esse relato nos transmite outra descoberta reveladora: se há tanta resistência policial contra a transformação de seu comportamento nas favelas, é porque o motivo da reação não é só ideológico ou moral. A brutalidade sistemática é um método através do qual se obtêm vantagens nos negócios com os traficantes. O preço do "arrego", do "acerto", do acordo com os traficantes depende da capacidade de destruição que os policiais forem capazes de demonstrar.

IX
5 de janeiro de um ano futuro

JORNAL *O GLOBO*

"Governo instala fórum para a reforma das polícias.

"Antecipando-se aos desdobramentos dos debates parlamentares no Congresso Nacional sobre sua proposta de desconstitucionalizar as polícias, apoiada pelo presidente João de Souza, o governador José da Silva instalou, ontem, o fórum para preparar o referendo popular estadual sobre a reforma das polícias. Haverá conferências municipais e, ao final de seis meses, a conferência estadual. As duas principais propostas que surgirem desse processo de debates e consultas, acompanhado por técnicos do governo, entidades da sociedade civil e policiais, serão submetidas ao referendo popular.

"O deputado federal Teophilo Alcântara, redator do Projeto de Emenda Parlamentar (PEC), que propõe a desconstitucionalização, também presente à cerimônia de instalação do fórum, declarou que sua missão no Congresso Nacional é formar uma bancada suprapartidária comprometida com mudanças profundas na segurança pública. Esse seria o primeiro passo para que as articulações em torno dos projetos reformistas fossem feitas com maiores chances de sucesso.

"Minha tarefa não é pequena. O governador, a secretária de Segurança, os membros do Gabinete de Gestão Integrada, a sociedade fluminense esperam que o Congresso abra passagem para a ambiciosa política que está sendo implantada no Rio de Janeiro e que o presidente deseja estender para os demais estados, com as adaptações necessárias. Meu papel é criar as condições para que o desejo de mudança da população de meu estado não seja frustrado. Não é pouca coisa. Para que eu tenha sucesso, não posso estar sozinho. Vou precisar de vocês.

"Claro que hoje o horizonte é favorável, graças ao apoio do presidente da República e do governador José da Silva. Mas isso não basta. Há fortes lobbies corporativos atuando em Brasília nos bastidores. Precisamos do apoio da mídia nacional, porque, sem a mobilização da opinião pública de todo o país, a luta será muito difícil. E, para que se crie o ambiente propício para a construção dessa hegemonia, vocês serão decisivos, pelo lugar estratégico que ocupam, no processo. Se a transição que vocês vão começar a preparar avançar bem, ficará mais fácil mostrar que as alterações que propomos não significam desordem e desestruturação de instituições organizadas. Desordem é o que temos hoje. Desestruturadas as instituições já estão. Elas já são ingovernáveis, refratárias a qualquer gestão racional."

"O deputado Teophilo Alcântara voltou a explicar a proposta que está levando a Brasília: desconstitucionalizar significa transferir aos estados o poder de definir o modelo de polícia que desejam ter.

"Segundo o governador, a discussão com a sociedade, os policiais e os pesquisadores está aberta, e o processo está apenas começando, mas já há alguns pontos de consenso entre os membros do fórum: é melhor que as polícias sejam pequenas, funcionem em ciclo completo, isto é, façam todo o trabalho policial (preventivo-ostensivo e investigativo – trabalho que hoje é dividido entre a PM e a Polícia Civil), sejam municipais, regionais ou metropolitanas, de acordo com as características de cada área. Disse não estar preocupado com a hipótese de que o Congresso não aprove a PEC das polícias:

"'O governo federal está apostando todas as fichas nisso e os governos dos estados já estão apoiando. A sociedade não aceita mais protelações e medidas cosméticas. Os parlamentares vão sentir a pressão das ruas. O estado que não quiser mudar, ou que avaliar que não precisa mudar, que mantenha as mesmas polícias, o mesmo modelo. Mas não nos impeça de mudar. A PEC não impõe mudanças, apenas as autoriza e nos liberta da camisa-de-força constitucional. O Brasil é grande demais, diverso demais para caber num modelo uniforme. Chegou a hora de assumirmos que somos uma república federativa. E os bons policiais não têm nada a temer. Os direitos trabalhistas serão respeitados e ninguém será dispensado arbitrariamente. Haverá novos processos seletivos, novos cursos e toda uma série de módulos de treinamento, mas nenhum profissional será injustamente prejudicado.'

"Apesar da aparente tranqüilidade do governador, nada indica que as reformas virão com naturalidade. Entidades representativas de policiais já preparam manifestações em todo o estado contra a medida. O presidente da associação mais aguerrida, Valclécio Natal, divulgou nota em que afirma: 'Nossa bandeira é uma só: em defesa da Constituição. O governo quer rasgar a Carta Magna e destruir instituições que são patrimônios de nossa história. Nós não vamos permitir.' No fim da tarde, manifesto de policiais pelas mudanças começou a circular na internet. No início da madrugada, centenas de nomes – supostamente de policiais – já haviam endossado o documento reformista. As entidades que lideram a resistência à reforma ainda não se pronunciaram sobre a dissidência."

X
8 de janeiro de um ano futuro

No dia 8 de janeiro, o site da RBS, rede de emissoras gaúchas, promoveu um bate-papo on-line com a nova secretária de Segurança Cidadã e Prevenção da Violência, do Estado do Rio de Janeiro, Maria Alice Cavalcanti. Durante uma semana, o site recebeu perguntas dos internautas. Algumas foram selecionadas, previamente, e outras foram recebidas e incorporadas à entrevista ao vivo.

"Secretária", disse o moderador do site, "sua indicação e a política heterodoxa que a senhora está implementando no Estado do Rio têm despertado a curiosidade nacional. Selecionamos algumas perguntas, entre as centenas que nos foram enviadas. Outras estarão chegando agora e eu lhe passarei ao longo desse bate-papo."

RBS: Como fazer com que a lei seja cumprida no interior de uma favela dominada por uma facção criminosa?

Secretária: O êxito notável das experiências do Pavão-Pavãozinho e do Cantagalo, favelas situadas na Zona Sul do Rio (em 2000-1), de Acari (em 1996-7), também no Rio, do Jardim Ângela (em 2001-2-3) e dos bairros pobres da Zona Sul de São Paulo (2005-6), da Restinga, em Porto Alegre, em 2001, de Belo Horizonte (2001-2 e 2005-6), são pródigas em nos indicar o caminho. O caminho é o seguinte: ocupação e desalojamento dos marginais armados – a partir de trabalho de inteligência e investigação –, seguidas de presença policial permanente e rigorosamente supervisionada, com orientação para solução de problemas, conquistando o respeito e a confiança popular. Paralelamente e em sintonia com o trabalho policial, aplicação de programa social envolvendo sobretudo educação, saúde da família, sensibilização para o controle da natalidade, esporte, lazer e cultura, infra-estrutura e projeto de legalização do uso do solo urbano. Isso se faz com a constituição de redes locais de serviços sociais, desenhadas com base em diagnóstico específico, que se dedica a entender as dinâmicas pelas quais o crime se reproduz, recrutando jovens. O foco prioritário dessa política, que nós chamamos intersetorial, são os jovens em idade escolar que se encontram fora da escola e do mercado de trabalho. A aplicação dos programas intersetoriais, de base territorial, articulados ao trabalho policial, será possível graças aos gabinetes de gestão integrada que o governador José da Silva acaba de instalar em substituição às secretarias, que agora passam a ser geridas por funcionários de carreira, perdendo seu caráter político.

RBS: Como reduzir o número de assaltos à mão armada e o roubo de veículos nas ruas da cidade?

Secretária: Nova York e Boston combateram a criminalidade violenta nas ruas focalizando com máximo rigor as armas – adotaram táticas distintas mas convergentes. Revistas sistemáticas e continuadas em automóveis e transeuntes – inclusive motos e bicicletas – funcionaram como medida preventiva. O modelo de Boston fundamentou-se em intervenções preventivas ainda mais radicais, cujo foco eram as gangues em seus bairros de origem. O modelo de Londres apoiou-se na combinação entre câmeras de alta definição e a distribuição do efetivo policial (dotado de excelente tecnologia de comunicação), apoiada em análises detidas dos padrões observados na atuação criminosa. Nas três experiências, unidades especializadas na investigação e repressão ao tráfico de armas foram criadas e sua ação foi decisiva.

Nós deveríamos recorrer aos três modelos. É o que estamos fazendo. Além disso, dada a gravidade de nossa situação, tivemos de pensar e agir a partir do modelo SUSP (Sistema Único de Segurança Pública), solicitando apoio à Polícia Rodoviária Federal, à Polícia Federal, ao Exército (para a inteligência e o patrulhamento de fronteiras e vias de acesso), à Marinha (para auxiliar com Guarda Costeira), à Aeronáutica (para auxiliar na identificação dos aeroportos clandestinos e em sua destruição).

Para o roubo e furto de veículos, além de recursos tecnológicos que viabilizem identificação eletrônica de cada veículo, mesmo em velocidade, é indispensável adotar o software Terra, oferecido gratuitamente pela Senasp para geoprocessamento, cujo papel na análise dos dados é fundamental para a adoção de medidas repressivas e preventivas adequadas, as quais mudam em cada caso. Nada será suficiente se não se focalizarem os desmanches de veículos, para extração de peças usadas, e as estruturas de receptação, com investigação e repressão.

Em todos os casos é indispensável a aplicação do modelo que Nova York chama CompStat (Estatísticas comparadas, informatizadas), que, no Rio, foi criado pela combinação dos programas Áreas Integradas de Segurança Pública e Delegacia Legal. Uma boa vigilância ostensiva nas ruas depende da identificação das manchas criminais, dos *hot spots*, e da dinâmica de suas migrações. Isso requer gestão e, portanto, uma estrutura organizacional adequada a uma gestão racional que funcione a partir do tripé dados/diagnósticos, planejamento e avaliação/monitoramento.

Demonstra-se, assim, que a reforma das estruturas organizacionais e dos modelos de gestão não são questões teóricas, mas condições práticas indispensáveis.

Plataformas aéreas podem cumprir importante papel seja para desencadear pronta resposta, seja para instrumentalizar a análise de padrões que orientem a distribuição de efetivo e de veículos e a localização das câmaras – observe-se que há 80% de sub-registro de furtos e 75% de roubos.

RBS: Como impedir que os marginais continuem comandando o crime de dentro das cadeias?

Secretária: Duas questões são aí decisivas: o controle da comunicação (o que requer tecnologia e métodos de revista funcionais) e da corrupção dos agentes (o que requer profissionalização dos agentes, plano de carreira, salários dignos, formação e treinamento adequados e iniciativas na linha da reforma da gestão). Mas também são importantes os elementos ditados pela Lei de Execuções Penais, como a separação dos presos de acordo com os tipos de crime.

RBS: Como evitar que maus policiais achaquem motoristas e comerciantes?

Secretária: Quanto aos achaques a motoristas: toda blitz deve ser gravada em vídeo, sabendo o policial que a filmagem visa protegê-lo da eventual tentativa dos motoristas de corrompê-lo. Sabe também o policial que é sua obrigação agir no ângulo capturado pela filmagem. Idealmente, deveria ser gravado em áudio o diálogo com o motorista (como o fazem as companhias que atendem por telefone). Quanto aos comerciantes: a Ouvidoria tem de ter credibilidade.

RBS: Como proceder em relação ao transporte irregular de passageiros?

Secretária: Controlando a corrupção policial se estará controlando boa parte desse problema, porque quase sempre esse transporte conta com a sociedade – mais do que a cumplicidade – de policiais.

RBS: Como evitar que as ações policiais de enfrentamento de criminosos em áreas urbanas vitimem inocentes?

Secretária: Um programa de treinamento sério do uso de arma de fogo, por parte dos policiais, deve ser rigorosamente aplicado, o qual incluirá o treinamento para o uso da arma e o não-uso da arma (substituída pela comunicação ágil e a disposição estrategicamente orientada do efetivo e das viaturas). Os países mais avançados já consagraram a experiência.

RBS: Como combater os grupos de "polícia mineira" que aterrorizam comunidades pobres?

Secretária: Se a reforma da polícia avançar, haverá meios para que uma gestão racional se efetive, o que envolverá a adoção de mecanismos institucionais mais rigorosos e inteligentes de controle da corrupção policial. Além disso, a adoção de um modelo adequado de formação e capacitação será fator relevante. Por fim, a "polícia mineira" é um símile do tráfico (com o qual disputa territórios e procura substituir) e requer medidas de investigação e repressão análogas àquelas usadas no combate ao tráfico.

RBS: Como enfrentar o tráfico de drogas de modo geral?

Secretária: As respostas à primeira e à segunda perguntas, somadas à adoção do modelo SUSP (envolvendo, portanto, as polícias federais), respondem a esta questão. Mas isso não basta. É preciso acabar com o atual modelo que focaliza apenas o varejo e não atenta para a lavagem de dinheiro e o atacado. É preciso também superar a prática vulgar, infelizmente já tradicional, em cujos termos somente meninos pobres, em geral negros, são levados ao Degase por vínculos com drogas – os pais dos outros jovens envolvidos e identificados compram a liberdade de seus filhos. No entanto, impõe-se discutir a política de drogas, assim como investir no tratamento da dependência química, aplicando métodos de redução de danos.

RBS: Como combater o roubo de cargas nas estradas do estado?

Secretária: Aplica-se, aqui, a resposta à segunda pergunta.

RBS: Como reduzir a ocorrência de homicídios?

Secretária: Quase 50% dos homicídios dolosos ocorrem nas áreas sob responsabilidade de cerca de 10% das delegacias distritais. Ou seja, há forte concentração do fenômeno no espaço – e também no tempo. A identificação dessas áreas mais problemáticas e vulneráveis possibilitaria a adoção de variações do modelo policial-social referido na resposta à primeira pergunta (como demonstram os casos citados naquela resposta). Além disso, observe-se que, hoje, a impunidade grassa. Quase só há prisões em flagrante, as Varas Criminais estão sendo fechadas e o esclarecimento é irrisório. Portanto, hoje, falham prevenção e repressão. A perícia carrega o fardo de 114 mil solicitações de laudos periciais não atendidas. A PM não protege local de crime, pois a perícia não tem como agir. Mais de 300 mil inquéritos esperam conclusão. O passado inviabiliza o presente e condena o futuro. A saída é separar o passado do futuro. Destinar 10% da Polícia Civil aos novos casos – dois detetives por caso. Organizar quatro equipes de quatro turnos para cada uma das 18 unidades móveis da perícia, que devem ser criadas e devem se dedicar exclusivamente aos novos casos. A PM passará a proteger o local. A tendência será o aumento da taxa de esclarecimento, em escala geométrica, porque parte dos homicídios estará associada a redes que se interconectam. Reduzindo-se a impunidade, o crime de morte será inibido. Atualmente há 8 mil crimes letais por ano: são 18 por dia no estado e oito na capital.

RBS: Como enfrentar os "bondes" de traficantes fortemente armados?

Secretária: Se reconquistarmos para o Estado Democrático de Direito os enclaves hoje tomados pelo tráfico armado, reduziremos drasticamente os bondes. Mas é necessário, de todo modo, adotar medidas de proteção, que devem envolver análises do padrão de deslocamento dos bondes, acompanhamento aéreo, mobilização com uso de comunicação e operações repressivas, com unidade preparada especialmente para o enfrentamento motorizado.

RBS: Como proceder em relação ao jogo do bicho?

Secretária: Pessoalmente, sou favorável à legalização, acompanhada de fiscalização rigorosa. Nosso governo vai mobilizar seus aliados para aprovar a legalização. Temos de ajustar procedimentos para preparar a transição rumo à legalidade. O problema do bicho está em seus envolvimentos com o crime, o que só acontece por conta dessa hipocrisia, que impede a legalização. Enquanto ele for ilegal, com plena aceitação social de sua legitimidade, haverá achaques policiais, porque será lucrativa a negociação com os contraventores. Deixando de haver a contravenção, cessarão os motivos para a extorsão policial dos apontadores, muitos dos quais são ex-presidiários esforçando-se por trabalhar honestamente ou são trabalhadores aos quais faltam outras opções. Hoje o que há de pior não é o bicho, são as maquininhas caça-níqueis, que são geridas, em boa parte, pela própria polícia. Voltamos, portanto, à problemática da corrupção policial.

RBS: O Termo Circunstanciado é aplicado aqui no Sul, mas tem sido alvo de polêmicas. O que motivou a senhora a adotá-lo no Rio de Janeiro?

Secretária: Termo Circunstanciado é o documento preenchido pelo policial militar, na rua, para registrar as ocorrências que se incluem entre os casos previstos pela Lei 9.099, aquela que se refere aos crimes de pequeno potencial ofensivo. Esses crimes, ao contrário dos outros considerados mais graves, são conduzidos aos Juizados Especiais. O TC substitui o boletim de ocorrência, preenchido nas delegacias. As vantagens do TC são várias. Entre elas eu destacaria as seguintes: os policiais militares não precisam abandonar seus postos para conduzir os envolvidos a uma delegacia, onde, em média, passam quatro horas; os cidadãos envolvidos em algum conflito não precisam perder tanto tempo; e as delegacias não ficam sobrecarregadas com tantas ocorrências para registrar. Sabemos que cerca de 65% dos casos registrados nas delegacias dizem respeito a casos capitulados na Lei 9.099.

O TC só é polêmico porque nós ainda vivemos essa triste realidade corporativista. Tudo vira rivalidade e disputa mesquinha. É uma vergonha. Ao invés de pensarem nos resultados das medidas para a segurança pública, as polícias pensam em seu poder. Não conseguem dar conta do recado, mas não admitem perder poder. A PM reclama das Guardas Municipais, porque teme perder poder. A Polícia Civil reclama da PM, nesse caso do Termo Circunstanciado, porque teme perder autoridade... É inacreditável. A insegurança está esse caos e as polícias ficam brigando entre si. Não faz muito li uma entrevista de um chefe de polícia civil criticando o TC como se ele fosse um insulto à honra de sua corporação. Ele falava do alto, com a maior arrogância, como se estivesse em um púlpito, edificado sobre grandes triunfos. Nada disso. Não havia resultados fabulosos. Pelo contrário. A instituição que ele dirigia era um desastre. Mas ele parecia o reitor de Harvard dando lições de constitucionalidade. Dr. Miguel Pachá, quando presidente do Tribunal de Justiça do Rio de Janeiro, já examinara o TC e reconhecera sua constitucionalidade. Há pouco tempo houve uma experiência notável, conduzida por alguns valorosos policiais militares, em São Gonçalo, aqui no estado do Rio. O TC foi implantado com grande êxito. Por incrível que pareça, o secretário de Segurança mandou interromper a experiência porque a cúpula da Polícia Civil não estava satisfeita. Não é espantoso?

RBS: O que a senhora pensa a respeito da redução da idade de imputabilidade penal ou, em outras palavras, o que a senhora acha da aplicação do Código Penal a menores de 18 anos envolvidos na criminalidade?

Secretária: O problema tem sido muito mal colocado. O Código Penal Brasileiro é adequado e tem produzido bons resultados? O sistema penitenciário brasileiro tem produzido bons resultados? A resposta, para mim, é uma só: não. Portanto, precisamos reformar radicalmente esse Código e o sistema penitenciário. Nossa política criminal é um desastre. Nesse contexto vê-se quão equivocada é a tese de que esse Código e esse sistema penitenciário deveriam estender seu âmbito de responsabilidade, ampliando seu alcance para enquadrar também os menores de 18 anos. Algo obsoleto e ineficiente com os maiores de 18, por que seria eficiente e adequado aos menores de 18?

RBS: Obrigado, secretária. Vamos continuar acompanhando sua gestão com o maior interesse. Boa sorte. Tomara que dê certo e que nossos gestores, aqui no Sul, aproveitem tudo o que for positivo.

XI
Domingo de sol na Lagoa Rodrigo de Freitas, janeiro de 2005

Acordei tarde com a cabeça estalando. Domingo é ótimo quando a gente está bem e péssimo quando não está. Eu não estava. Motivos pessoais. Você me perdoa, mas não temos intimidade suficiente para que eu abra meu coração. A dor de cabeça era o presságio do que viria. O que importa é que havia um compromisso. Na véspera, à noite, recebi telefonema de um velho e querido amigo, líder comunitário. Ele me disse que tinha um assunto urgentíssimo a tratar, mas não poderia ser por telefone. Tinha de me ver pessoalmente. Propus um quiosque na Lagoa, próximo de casa, ao meio-dia.

A Lagoa era uma festa de sol, crianças, cães e sorvetes. Eu atravessava o alarido e as cores protegido por uma espécie de véu escuro, que me afastava da explosão luminosa. Era a isso que me referia quando disse que não estava bem. Meu amigo me abraçou, pontual. Sempre foi britânico no horário. Pediu um suco e desandou a falar:

– Foi o seguinte: Zilmar, você se lembra, aquele famoso bandido que estava em Bangu 1, pois é, ele foi solto. Cumpriu pena. Quase 20 anos. Saiu e me procurou. Pediu ajuda. Queria emprego. Contou que ninguém confiava nele e não tinha jeito de conseguir emprego, por mais que procurasse e garantisse que já tinha cumprido a pena e estava limpo, sem dívidas com a Justiça e fora do crime. Resolveu me procurar por causa da associação de moradores e da ONG. Ele achava que poderia trabalhar bem na área social e acreditava que não seria discriminado por nós. Claro que eu dei um jeito. O cara realmente está fora do crime. Disse que não quer mais saber daquela vida. Que só Deus sabe o que ele passou e que, agora, com 41 anos, se considera um sobrevivente. Não quer deixar escapar essa nova chance que o destino está proporcionando. Tudo que ele quer é uma oportunidade para provar que mudou. Que está preparado para viver em paz. Claro que eu dei um jeito. Ele começou a trabalhar para nós com a maior disposição. Todo mundo estava animado com o cara. Ele é uma demonstração real de que as pessoas mudam e de que todos merecem uma segunda chance, como você costuma dizer.

– Que bom, boa notícia.

Meu amigo falou mais ou menos assim:

– Mas ouve só o que aconteceu. Não ia ser assim tão fácil, né? Nada nessa cidade é assim tranqüilo. Você sabe...

– Sei o quê?

Meu amigo continuou:

– Ouve só. A polícia não deixava o cara em paz. Não tinha jeito. Toda semana apareciam dois policiais na porta da casa dele pedindo grana. Ele já estava de saco cheio de tanto repetir: não dou, não tenho, não devo nada a ninguém, estou limpo com a Justiça, estou com os papéis em ordem e, além disso, saí mesmo do crime e não tenho um puto no bolso. Mas os caras não davam refresco: pediam 2 mil, 3 mil, variava. Até 5 mil pediram.

Nesse ponto eu acho que disse um palavrão. Mas não é preciso repetir aqui. Você pode imaginar o que eu disse, porque não é muito diferente do que você deve estar pensando.

Meu amigo prosseguia:

– E ele repetindo que não tinha e que não daria, se tivesse.

– E aí?

– Aí que, um belo dia, enquanto a gente esperava por ele em um churrasco patrocinado pela ONG, ele foi abordado por uma patrulha. Ele estava no carro com um casal amigo, vindo nos encontrar. Os policiais pediram os documentos. Ele mostrou. Aí fingiram espanto e disseram que ele era um bandido famoso, um bandido responsa e coisa e tal. E ele insistia: não sou mais bandido, já paguei minha dívida com a Justiça, meus documentos estão em ordem. Mas os caras não quiseram saber: mandaram ele entrar na viatura. Iam para a DP. Ele se recusou, engrossou com os caras, mas, quando os policiais ameaçaram prender por desacato, se ele não fosse, claro que ele teve de ir.

– E...?

– E aí, na DP, papo vai, papo vem, aquela conversa mole, de-cerca-lourenço, até que um policial abriu o jogo. Pediu 20 mil.

Tenho certeza de que aqui eu não resisti e disse outro palavrão.

E meu amigo prosseguiu:

– Ele não deu, não tinha, nem daria se tivesse, aquela coisa, até que, resumindo a história, apresentaram uma arma...

Eu disse:

– Já imaginava que ia acabar assim... É típico. E deve ter sido uma Glock, pra valorizar e dar verossimilhança...

Meu amigo respondeu mais ou menos assim:

– Não sei que arma foi. Só sei que foi suficiente para enquadrá-lo em porte ilegal, crime inafiançável. Resultado: voltou pra Bangu.

Nesse ponto só posso ter exclamado, com indignação:

– Mas Bangu é só pra condenado...

– Eu sei, mas os caras não quiseram saber.

– É demais, é revoltante. O sujeito quer sair do crime e não consegue. Não porque os comparsas não permitem, como acontece nos filmes. Mas porque a polícia não deixa.

– O pior é que, na penitenciária, não tem como ele dizer que não está nem aí, que não quer a vida do crime. Lá, ou ele assume de novo a liderança ou se arrebenta. E já soube que está para estourar a maior rebelião por conta de torturas e humilhações de familiares. Conclusão: se estourar, vai tudo pra conta dele e adeus segunda chance, adeus liberdade.

– A gente tem de fazer alguma coisa e rápido.

– Pra isso é que te procurei.

Lembro que ainda disse:

– Vou fazer o possível.

E que meu amigo respondeu mais ou menos assim:

– Sabia que podia contar. Mas cuidado. Mesmo você estando fora do governo, tem muita gente querendo ferrar com você.

Antes de nos despedirmos, concordei com ele:

– É, você tem razão. Vamos ter cuidado. E nada de falar pelo telefone. Nossos telefones devem estar grampeados.

Voltei para casa e caí em mim. A indignação e a vontade de fazer alguma coisa aos poucos cederam lugar à consciência de que eu não poderia fazer nada; ou quase nada. Fui, então, tratar desse "quase nada" que ainda me cabia.

Isso aconteceu há mais de um ano. A vida melhorou, desde aquele dia. Minha cabeça já está mais ou menos em ordem. Mas a polícia continua a mesma. A insegurança no Rio e no país só piorou. Apesar da luta incansável de meu amigo e de meus próprios esforços, aos quais se associaram outros tantos de vários amigos, Zilmar continua preso.

Moral da história: Entre todas as histórias escabrosas sobre policiais envolvidos com o crime, esta foi a que mais me chocou, porque revela um mecanismo perverso: um criminoso cumpre sua pena e quer abandonar o crime. Policiais não permitem. Ele só teria sossego se voltasse a traficar, em sociedade com esses "agentes da lei". Quanta ironia! Não estamos mais falando de corrupção, apenas, nem somente de brutalidade – ainda que esses temas sejam gravíssimos. Estamos falando de uma engrenagem que gira na contramão do que seria natural em um país decente. Enquanto a polícia jogar contra, como construir a paz e a segurança pública? A crise profissional e moral das polícias não é detalhe. É central. É parte essencial e incontornável do problema.

Em outras palavras: sem a reforma radical das polícias, que incida sobre todos os pontos de apoio da corrupção (recrutamento, formação, capacitação e treinamento, condições salariais, controle interno e externo, gestão, estrutura organizacional), não adianta nem começar a falar sobre política de segurança pública eficiente e combate ao crime.

XII
9 de janeiro de um ano futuro

SBT BRASIL

Locutora – As drogas são um flagelo da humanidade. A guerra contra as drogas tem consumido bilhões de dólares e muitas vidas.

Imagens mostram aviões espargindo uma nuvem de gás para destruir plantações. Corte. Imagens focalizam a queima de toneladas de drogas empilhadas.

Locutora – E nem sempre as vítimas das drogas são os consumidores. A violência tem sido um dos principais efeitos colaterais das drogas ilegais.

Imagens mostram tropas policiais subindo favelas do Rio e trocando tiros.

Locutora – Para discutir o problema, o presidente da República, João de Souza, recebeu uma delegação, liderada pelo deputado federal Teophilo Alcântara.

Imagens mostram homens e mulheres, vestidos informalmente, sendo recebidos no gabinete presidencial.

Locutora – Está conosco, ao vivo, em nosso estúdio de Brasília, o deputado Teophilo Alcântara. Boa noite, deputado. Qual foi a proposta que o senhor levou ao presidente?

Deputado – Boa noite, Ana. Fui ao presidente com representantes de várias entidades que atuam na área da saúde, da prevenção ao abuso de drogas, da redução de danos e do tratamento da dependência química. Apresentamos ao presidente a proposta de que ele abra um grande debate nacional sobre a política de drogas. Nosso desejo é criar um ambiente propício a um debate mais sério sobre o assunto.

Locutora – Mas isso não é muito acadêmico, deputado? Enquanto as pessoas estão se drogando, traficando, matando e morrendo, o senhor propõe um debate?

Deputado – Não queremos organizar nenhum seminário acadêmico, Ana. Queremos um debate nacional para chegar a uma decisão. Se possível, uma decisão que mude nossa realidade.

Locutora – Que decisão seria essa?

Deputado – Defendo a descriminalização dos usuários e a legalização das substâncias psicoativas, hoje consideradas ilegais, o que acabaria com o tráfico. Começaríamos pela droga mais leve. Pode ser que o único consenso venha a ser a legalização da *canabis sativa.*

Locutora – A maconha.

Deputado – Exatamente. Nossa idéia é que, depois de determinado prazo, durante o qual se processaria o debate em todo o país, o presidente convocasse um referendo em torno do tema.

Locutora – Quer dizer, o povo seria chamado a votar a favor ou contra a maconha.

Deputado – Não a favor ou contra essa ou aquela droga, mas a favor ou contra determinada forma de tratar o problema.

Locutora – Mas o senhor não corre o risco de ser visto como defensor das drogas? O presidente estaria disposto a correr esse risco?

Deputado – O risco existe, sim. Quanto ao presidente, só ele mesmo pode avaliar e responder. Acredito que ele esteja disposto a enfrentar o risco, porque tem adotado atitudes ousadas em outras áreas, como temos visto. Além disso, Ana, acho que a população já está madura para compreender que quem defende mudanças na política de drogas não está defendendo as drogas, mas uma outra maneira de lidar com o problema, que talvez seja mais produtiva, sensata, racional e eficiente. Deixar como está é que não dá. Será que as pessoas estão satisfeitas com a situação atual, com tanta gente morrendo, com tanta violência e tanta corrupção?

Locutora – Deputado, a descriminalização e a legalização não seriam, na realidade, uma capitulação, uma declaração de falência e de derrota por parte da segurança pública? Não seria mais correto aperfeiçoar as polícias e combater melhor as drogas para resolver de vez o problema?

Deputado – Ana, nenhuma polícia conseguiu a proeza de acabar com o comércio ilegal das drogas. Até nos Estados Unidos, que investiram bilhões na guerra às drogas, o consumo tem aumentado. Chega a ser irônico: os Estados Unidos venceram a guerra fria, demonstrando ao mundo que era impossível controlar a economia de mercado. Onde há demanda há oferta, de um modo ou de outro. Os países do socialismo real tiveram de se render ao modelo. O máximo que se consegue é regulá-lo e submetê-lo a alguma disciplina, de acordo com o interesse social. Mais do que isso é ilusão. Uma sociedade tutelada pelo Estado, com distribuição de renda perfeita e orientada por princípios sociais justos, é uma utopia. Aliás, é um pesadelo sombrio e perigoso, porque junto com a liberdade de mercado vão embora as liberdades individuais e a democracia. É irônico que sejam exatamente os Estados Unidos que estejam, agora, à frente dessa política repressiva cuja meta é controlar, ou melhor, eliminar o mercado de drogas. Esse controle não aconteceu até hoje nem há sinais de que possa vir a acontecer no futuro, por mais que as polícias se aprimorem e qualifiquem, tecnologicamente. A menos que estejamos dispostos a sacrificar a democracia. Mas não é o que queremos.

Locutora – O senhor está dizendo que nenhuma polícia do mundo funciona?

Deputado – Estou afirmando o que está aí diante de nós: no mundo ocidental, onde há demanda por drogas ilegais, nenhuma polícia, por melhor que seja, tem sido capaz de impedir o acesso às drogas, de bloquear esse consumo e esse mercado. A falha não é das polícias brasileiras. Nenhuma polícia do mundo teve êxito simplesmente porque a repressão ao consumo e à circulação de drogas é, na democracia, uma missão impossível. Droga não é, não pode ser uma questão de polícia, de repressão, de criminalização e de encarceramento. Droga é uma questão de saúde pública, de educação, de cultura, de autogestão da sociedade, de amadurecimento, de aprendizado com liberdade, como demonstra o tratamento que temos conferido a algumas drogas atualmente consideradas legais, como o álcool e o cigarro – a nicotina –, males muito mais graves, aliás, para os quais ninguém está propondo a criminalização.

Locutora – Então o acesso às drogas existe em todo o mundo. É isso o que o senhor está dizendo?

Deputado – Exatamente isso, Ana. O acesso às drogas ilegais existe em todo o mundo ocidental. A pergunta que deveríamos fazer é a seguinte: já que o acesso existe, apesar da proibição, em que contexto legal e institucional seria melhor viver esse acesso? No contexto da proibição e da criminalização, em que o consumo e o comércio são tratados como casos de polícia e acabam gerando essa guerra que nos atinge a todos? Ou no contexto em que drogas ou substâncias psicoativas são tratadas como temas de saúde e educação? No primeiro caso, os recursos públicos são gastos na repressão e no encarceramento, e ainda assim a insegurança se aprofunda e o consumo de drogas aumenta. Na segunda hipótese, os recursos públicos poderiam ser investidos em saúde e educação e no atendimento aos dependentes químicos – que já existem e continuarão a existir, mais ou menos na mesma quantidade, porque, volto a lembrar, a despeito da criminalização, o acesso já existe.

Locutora – Como é que o senhor pode saber que o consumo não vai explodir? A legalização não seria um estímulo ao consumo?

Deputado – As experiências internacionais, mesmo limitadas, são suficientes para demonstrar que, no começo, há um crescimento do consumo, mas aos poucos a tendência é o retorno à média histórica e a estabilização. Quer dizer: depois de idas e vindas, vai usar droga quem sempre usou. Mesmo que houvesse um aumento significativo e duradouro, ele nunca seria comparável aos efeitos da política atual. Com a legalização, o tráfico acaba. Atualmente, no estado do Rio, por exemplo, morrem menos de 100 pessoas, anualmente, por consumo excessivo de cocaína. Quantas morrem na guerra do tráfico? Dos 8 mil crimes letais que acontecem todo ano no estado do Rio, supõe-se que cerca de 65% têm relação direta ou indireta com o tráfico. Nosso problema não são as drogas, mas o tráfico, que só existe por conta da criminalização.

Locutora – Mas, se o tráfico deixar de existir, para onde vão os traficantes? Vão estudar e trabalhar para se tornarem bons pais de família? Ou vão descer os morros para assaltar e seqüestrar?

Deputado – Os rapazes que já estão no tráfico, provavelmente, vão buscar outros usos para suas armas e não vão deixar o crime de um dia para outro. Mas os jovens que ainda não ingressaram no tráfico, embora sejam vulneráveis à sua influência e estejam na porta de entrada, esses vão perder a principal motivação. Lembre-se do seguinte, Ana, as condições socioeconômicas que favorecem o desenvolvimento do tráfico não produzem efeito sozinhas, por si mesmas. Elas são um potencial, mas esse potencial só se realiza se houver um empreendedor recrutando, atraindo, oferecendo facilidades, apontando caminhos, induzindo, empurrando, seduzindo quem está próximo e se expõe a essa convocação. Ou seja, a crise social é um terreno fértil, mas o fruto, que é o crime, só virá se houver semeadura e coleta. Quando os traficantes forem forçados a mudar de ofício, mesmo dentro do universo criminoso, todo esse cultivo vai ser dificultado. Uma coisa é pôr uma arma na mão de uma criança de 11 anos – ou dar-lhe fogos – e mandá-la vigiar a entrada do morro, de cima de uma laje. Outra coisa muito diferente seria preparar uma criança dessa idade para descer ao asfalto e cometer um crime que envolve outros riscos, procedimentos e habilidades. Essa transição de uma prática para outra não é fácil nem automática e cria mil empecilhos para o recrutamento de jovens por parte do crime, obstando, portanto, o processo de reprodução dos contingentes criminosos.

Locutora – Isso acontece no varejo do comércio ilegal de drogas, deputado, mas o que vai ocorrer no atacado?

Deputado – Vai haver um esvaziamento das atividades perigosas e nocivas também na esfera do atacado. Por que você acha que nunca se discute a sério a política de drogas? Tem muita gente que se beneficia, direta e indiretamente, do fato de que as drogas são ilegais. Isso as torna valiosíssimas, o que aumenta o lucro dos operadores do atacado.

Locutora – Quer dizer que a política atual reflete o interesse dos criminosos?

Deputado – Não chegaria a dizer isso, nesses termos, mas que há alguns interesses fortes na manutenção da ilegalidade, há. No entanto, eu acho que o principal obstáculo ao debate crítico sobre o assunto tem sido o seguinte: as camadas médias e as elites já resolveram o problema, à sua maneira, privatizando a solução.

Locutora – Não entendi, deputado. Que solução seria essa?

Deputado – Quero dizer o seguinte: quando um jovem de classe média é pego pela polícia com drogas, em geral o pai recebe um telefonema e, em uma hora, a liberdade do filho foi negociada por um preço conveniente. Por isso, quem analisa os relatórios das Varas da Infância e da Juventude, em todo o Brasil, praticamente não encontra registro de casos envolvendo jovens de classe média, brancos, moradores das áreas nobres das cidades. Será que, em nosso país, só meninos pobres vivem problemas com a lei por conta de relação com drogas? Os meninos de classe média não se envolvem com drogas? Claro que sim. Mas só os pobres são identificados pela polícia e punidos pela Justiça. Nas entidades socioeducativas, assim como nos cárceres, só estão os filhos da população de baixa renda, residente nas vilas, favelas e periferias das grandes cidades. O filtro seletivo da polícia e da Justiça talvez seja a manifestação mais ostensiva e despudorada das desigualdades sociais.

Locutora – O senhor quer dizer que a política de drogas vigente não tem sido questionada porque os que sofrem seus efeitos são os mais pobres?

Deputado – Justamente. Os mais ricos, como eu disse, resolveram o problema privatizando a solução. Ao invés das Febens da vida ou dos Degases, os seus filhos, quando são pegos com drogas, são liberados em troca do pagamento de uma propina e acabam sendo encaminhados para terapias e outras modalidades de atenção especial.

Locutora – O senhor está dizendo que a lei não é igual para todos porque a polícia a aplica com dois pesos e duas medidas?

Deputado – Exatamente.

Locutora – Essa é uma acusação muito grave contra a polícia, deputado.

Deputado – De jeito nenhum, Ana. Essa é uma denúncia contra a corrupção ativa praticada pela classe média e pelas elites. Seria uma grande hipocrisia culpar a polícia, que, nesse caso, não faz mais do que aceitar o jogo que setores da sociedade lhe propõem. O que eu digo é o seguinte: se a polícia e a Justiça decidissem aplicar a lei de drogas com eqüidade, isto é, do mesmo modo para todos, em poucas semanas a lei cairia. A classe média não suportaria ver seus filhos nos cárceres e nas entidades punitivas, chamadas quase ironicamente "socioeducativas". Os formadores de opinião escreveriam nos jornais contra o absurdo de uma lei que trata como criminoso quem se envolve com a droga. Em pouco tempo, o Congresso Nacional estaria discutindo o assunto e revendo a política de drogas.

Locutora – E o senhor quer que haja essa revisão antes mesmo que a classe média se mobilize.

Deputado – Sim, porque os efeitos nocivos dessa política de drogas irracional e hipócrita, adotada no Brasil, estão aí, afetando apenas determinadas parcelas da sociedade. Parcelas majoritárias, mas, politicamente, sem organização e voz suficientes. Pelo menos até agora. De hoje em diante, com o presidente à frente do movimento pela revisão da política de drogas, o panorama vai mudar.

Locutora – O tema ainda vai dar o que falar, deputado.

Deputado – É verdade, a polêmica está apenas começando.

Locutora – Obrigado, deputado Teophilo Alcântara. Ainda nessa edição: corte no número de ministérios gera protestos em Brasília. E no próximo bloco: dólar sobe e juros caem, com a flexibilização do superávit primário. O presidente diz que o orçamento é uma peça de ficção que pode nos cegar para as prioridades. Daqui a 30 segundos, no SBT Brasil.

XIII
10 de janeiro de um ano futuro

JORNAL *O GLOBO* – TRECHO DO EDITORIAL

"Parece que alguns setores das polícias estão aturdidos e perplexos com tanta mudança. Os céticos criticam o governador, invocando a superioridade do gradualismo e da prudência. Os defensores do governo citam Maquiavel – o mal se faz de uma só vez – para justificar a seqüência veloz de iniciativas. O governador diz que sua política é original e pode dar certo porque é sistêmica. Ele gosta da palavra, que além de feia deve soar como nome de doença para boa parte de seus eleitores. Só não se pode reclamar de apatia ou da famigerada falta de vontade política.

"Enquanto lideranças corporativas das polícias olhavam para Brasília, temerosas do que viria de lá, o governo do estado decretou a autonomia da Perícia, unificando seus três segmentos – o Instituto Médico Legal, o Instituto de Identificação Civil Félix Pacheco e o Instituto de Criminalística Carlos Éboli –, desligando-a da Polícia Civil e vinculando-a diretamente à Secretaria de Segurança, que passou a ter, aliás, um nome mais poético, que mais parece uma homenagem às convicções do governador. Antes que houvesse tempo para qualquer reação, o governo deu novo estatuto à Ouvidoria da Polícia, dotando-a de autonomia e poder investigativo, e a municiando de meios tecnológicos e quadros profissionais. Não se sabe se tudo isso vai funcionar, mas, agora, o que sobra é vontade."

XIV
Os comitês pela anistia em 1999

No final de 1999, quando ainda estava no governo do Rio, visitando as favelas e ouvindo as comunidades, comecei a perceber que as mães precisavam de um discurso. Quero dizer o seguinte: as mães dos jovens envolvidos no tráfico não tinham alternativa para oferecer aos filhos e não sabiam o que dizer a eles. Choravam pelos meninos que se perdiam e tentavam convencê-los a deixar aquela vida, mas não imaginavam o que sugerir, que caminho apontar. O que poderiam dizer? "Entreguem-se à polícia?" Jamais diriam isso, porque não confiam na polícia, na Justiça, nas entidades socioeducativas e no sistema penitenciário. Achavam que os filhos seriam mortos ou torturados pela polícia e que o encarceramento os condenaria, irremediavelmente, a um caminho de crime e ressentimento, quando não de doenças e morte. "Fujam para bem longe e recomecem a vida?" Como? Para onde? Para fazer o quê? Com que amparo? Com que perspectivas?

E, no entanto, lá estavam as mães, encharcadas de afeto e medo, curvando sob a pressão da culpa, esmagadas pela dor, sem voz, sem rumo, sem bússola para orientar os filhos. Elas eram uma fonte incomparável de energia. Mas nada se podia construir com sua força tão poderosa.

Mães são vias muito mais eficientes de mudança do que polícias e justiça penal. Se a sociedade quer punição como forma de vingança, melhor esquecê-las. Se quer punição para inibir transgressões futuras, então o objetivo é mudar a realidade e reduzir a violência. Nesse caso, as mães são aliadas fundamentais.

Passei a me dedicar a esse desafio: entregar às mães cujos filhos já estivessem envolvidos com o tráfico, nas comunidades, como arma, um discurso, uma alternativa.

Claro que uma eventual solução do problema serviria igualmente a outros interlocutores: o pai, o amigo, o vizinho, a esposa. Tampouco eles tinham o que dizer.

Em outras palavras: o que poderíamos oferecer aos jovens do tráfico dispostos a abandonar as armas? Uma boa resposta a essa pergunta talvez valesse mais do que mil tiros, táticas, incursões, confrontos e prisões.

Comecei a me sentir tomado pela intuição de que a resposta seria óbvia, estaria diante de mim, ao meu lado, sem que eu a percebesse, talvez porque eu estivesse esperando uma solução complicadíssima, talvez porque eu não estivesse preparado para o mais simples.

Desci do pedestal em que o pensador se depara com o problema do tamanho de suas pretensões. Calcei as sandálias da humildade, em homenagem ao mestre Nelson Rodrigues, e fui buscar, no chão, o óbvio ululante: *a saída para quem precisa de uma saída é só uma saída, isto é, poder sair, não ser impedido de sair*. Pronto. Aí está a solução, dentro da própria pergunta. Onde está a saída? Na saída. Bastaria, portanto, torná-la possível, não bloqueá-la. O que bloqueia a saída do tráfico? A polícia e a Justiça, ou o medo de ambos, ou o medo de passar a ser visto como traidor pelos próprios companheiros do tráfico. Se esses obstáculos fossem removidos, será que muita gente sairia, abandonaria o crime? Como faríamos isso? E quanto custaria o que viéssemos a fazer?

Surgiu, assim, a idéia da anistia. É uma palavra mágica, muito forte, que comoveu e mobilizou minha geração nos anos 1970. Quem sabe ela voltaria à vida, infundindo esperança em outras gerações, por outras razões? Do ponto de vista filosófico, a anistia é perdão, mas é também o reconhecimento de que as condições oferecidas por quem julga não foram as mais justas e que isso teria contribuído para que aquelas pessoas envolvidas com a violência acabassem devoradas por suas engrenagens. Nada estaria justificado, mas uma porta estaria se abrindo para a mudança. O futuro e a segunda chance estariam sendo privilegiados, em lugar da culpa e da necessidade de pagar pelo erro cometido.

Quando passamos a borracha no passado, apagamos os crimes alheios e também os nossos, coletivos, perpetrados enquanto sociedade, através do Estado, e que se manifestam no abandono das crianças. Também nós, como sociedade, ganhamos uma segunda chance.

Como abrir essa porta?

Nada se faria sem uma decisão do Congresso Nacional autorizando a concessão de salvo-conduto a quem estivesse envolvido com crimes, porém não condenado pela Justiça. Na verdade, se limitamos a abertura da porta aos que ainda estão na vida do crime, não foram presos nem condenados, não se trataria de uma anistia. O nome que adotei, portanto, era só uma sinalização.

Confesso que cheguei a temer que essa idéia tão estranha e surpreendente, tão contrária à maré montante das propostas repressivas, tão avessa à suposta necessidade do aumento das penas privativas de liberdade, me condenasse ao isolamento político e à desmoralização pública. Não foi o que ocorreu. Primeiro, obtive o estímulo de juristas eminentes: os saudosos Evandro Lins e Silva e José Carlos Fragoso; além de Marcello Cerqueira e Arthur Lavigne. Em seguida, convenci o governador de que valia a pena expor-me para testar as reações, avaliar o terreno e avançar até onde fosse possível. Eu cumpriria o papel de boi de piranha. Ele me autorizou, desde que eu assumisse plenas responsabilidades e arcasse com os eventuais custos políticos. Eu sabia que nenhum político se arriscaria tanto. Ou quase nenhum. E fui adiante. Dei uma entrevista de página inteira ao jornalista Cascón, de *O Globo*, que tratou com muito respeito a proposta. Poucos dias depois, em editorial, o mesmo jornal afirmou que a idéia merecia reflexão e não deveria ser precipitadamente descartada, ainda que exigisse aprofundamento e especificações. Era o sinal verde de que precisava.

Concebi com os colegas da equipe um programa análogo àquele que se destina à proteção de testemunhas. Depois de um longo trabalho de divulgação, em que mães e comunidades seriam mobilizadas, haveria um tempo para as inscrições no programa. Quem se dispusesse a recomeçar a vida receberia nova identidade, emprego, educação complementar e, por um ano, moradia, um salário mínimo adicional ao salário e garantia de matrícula para os filhos na escola pública mais próxima ao novo endereço, em outra cidade, em outro estado. Por isso, o programa teria de funcionar em âmbito nacional. Todo o patrimônio da pessoa que ultrapassasse R$ 20.000,00 seria doado ao programa. Esse valor não era aleatório. Era o preço médio de um imóvel nas favelas do Rio.

Com que recursos o Estado arcaria com as despesas? A fonte seria a verba destinada ao encarceramento dos beneficiários do programa. Os custos seriam exatamente os mesmos, ainda que as vantagens para o Estado fossem óbvias. Nem é preciso explicitá-las.

E se houvesse reincidência? Bem, nesse caso, voltaríamos à estaca zero. De todo modo, não seria provável que houvesse mais reincidência do que aquela que se verifica no retorno dos presos à liberdade. Pelo contrário.

Entusiasmado com o entusiasmo das mães, dediquei meus últimos meses no governo a criar comitês pela anistia nas comunidades. Uma lástima que o processo tenha sido interrompido quando fui exonerado e saí do país.

Moral da história: Continuo acreditando na idéia. E mais: tendo acompanhado várias rebeliões de presos e toda a problemática das prisões brasileiras, estou convencido de que dois outros pontos merecem atenção. Hoje os presos não-condenados têm direito ao voto, ainda que não seja exercido porque o Estado não oferece meios, digo, urnas. Seria importante que o fizesse, porque o exercício do voto tem um significado único, na medida em que canaliza reivindicações numa direção construtiva e institucional. Pela mesma razão, postulo a extensão desse direito aos presos já condenados. Eles estão privados da liberdade, mas não de todas as prerrogativas da cidadania. O voto seria positivo e canalizaria, por mecanismos construtivos e institucionais, demandas e mobilizações.

Hoje o caos impera no sistema penitenciário, em primeiro lugar porque a LEP (Lei de Execuções Penais) não é cumprida. Os presos não têm meios de exigir do Estado o cumprimento de sua obrigação legal. No desespero, queimam os colchões para chamar a atenção da sociedade e das autoridades.

Na imensa maioria das vezes em que ocorrem essas manifestações nos presídios, a pauta de reivindicações não inclui nenhum privilégio. Quase sempre, as demandas se restringem ao cumprimento das leis. Incrível nosso país: o Estado descumpre a lei e os presos também o fazem para cobrar obediência à legalidade. Quando o problema não é tratado adequadamente, o resultado pode ser a conversão da indignação justa em combustível criminoso para práticas terroristas e, portanto, injustificáveis. Sabe-se que o PCC extraiu sua força entre os presos da revolta contra crimes perpetrados pelo Estado, no final dos anos 1980 e ao longo da década de 1990. Não por acaso a facção criminosa nasceu como organização de defesa no presídio de Taubaté, exatamente aquele no qual as atrocidades mais cruéis contra os internos tinham virado rotina. A partir de 2000, a organização de defesa transformou-se em instrumento de operações criminosas, coagindo presos e egressos. Em 2006, as ações terroristas elevaram o PCC a outro patamar de violência e periculosidade, sobretudo quando revelam sua capacidade de manipular o contexto eleitoral para extrair vantagens. A tentativa de explodir a Bolsa de Valores de São Paulo, às vésperas das eleições de 2002, já indicavam esse caminho. Hoje, o que nasceu como resposta à irresponsabilidade do Estado e à sua brutalidade arbitrária representa o arbítrio brutal encarnado e se volta contra todos nós e as instituições democráticas.

XV
11 de janeiro de um ano futuro

ENTREVISTA COLETIVA CONCEDIDA PELO GOVERNADOR

Jornal Extra: O senhor acaba de anunciar aumento de 300% para os policiais de baixa patente da PM, os agentes da Polícia Civil, os agentes penitenciários, os peritos e os funcionários lotados nas entidades socioeducativas. Os oficiais e os delegados receberão aumentos bem menores. Isso não vai afetar a hierarquia e a disciplina, na medida em que ficam reduzidas as diferenças salariais entre as patentes ou entre as fases da carreira?

Governador: As diferenças, mesmo reduzidas, continuarão a ser significativas. Aliás, a intenção é criar uma única carreira, quando as polícias forem reformadas. Hoje, na prática, há quatro polícias. Duas na PM e duas na Polícia Civil: os oficiais e as praças; os delegados e os agentes. O problema não é a hierarquia; são os obstáculos ao progresso na carreira. Os profissionais que já estão nas polícias deveriam ser privilegiados nos concursos para delegado e nos cursos de formação de oficiais. Bloqueios artificiais acabam dividindo as instituições, desestimulando os de baixo e disseminando sentimentos negativos entre as patentes, que se convertem em verdadeiras castas. Na Polícia Civil, um jovem de 22 anos, bacharel em Direito, bom aluno, estudioso mas sem nenhuma noção do que seja uma delegacia, do que seja administrar uma agência de segurança pública, faz uma prova, passa e cai de pára-quedas para liderar 50 tiras cascudos, com uma baita experiência. Todos nós sabemos o que vai acontecer. Enquanto isso, o agente não recebe incentivo para estudar, não tem tempo para se preparar para o exame, trabalha na polícia e no bico para sustentar a família, e não consegue concorrer com o jovem estudante, ainda que traga uma bagagem prática incomparável. Esse processo tem de ser mais equilibrado.

Jornal do Brasil: De onde vêm os recursos para dar esses aumentos? Esses gastos não vão acabar com qualquer possibilidade de cumprimento da Lei de Responsabilidade Fiscal? Outras categorias não vão reivindicar isonomia? Com a folha dos aposentados, há mais de 100 mil servidores nas polícias. Qual o impacto no custeio do Estado?

Governador: São ganhos adicionais que funcionam como se fossem aumentos, mas, tecnicamente, legalmente, não são aumentos. E não podem ser justamente porque o Estado não suportaria os custos, seja por conta do número de servidores inativos, seja em decorrência da pressão pela extensão dos benefícios ao conjunto do funcionalismo público. Extensão que seria merecida, mas quebraria o Estado. O que vamos dar são bolsas no valor do dobro dos salários líquidos dos policiais que estão na ativa. Bolsas não se incorporam aos salários e não envolvem encargos. Além disso, se justificam, porque todos os profissionais da segurança e da área socioeducativa vão passar por um processo de capacitação. Não se trata de solução definitiva e está longe de ser ideal.

Jornal O Povo: Os policiais inativos não vão se sentir discriminados?

Governador: Vão, mas não há alternativa, no momento. Eu ia dizendo que os recursos virão de diversas fontes. Vamos negociar aportes externos para a implantação de nosso plano, na expectativa de que mais segurança corresponda, no futuro próximo, a menos gastos com saúde e mais receita, por conta do previsível reaquecimento das atividades econômicas. Além disso, estamos negociando com empresários a possibilidade de uma contribuição flexível para as polícias por eventos públicos que gerem lucro. Penso no carnaval, no réveillon, nos jogos de futebol, nos grandes shows. Afinal, só o setor comercial tem despendido, por ano, em média, mais de 2 bilhões de reais em segurança privada. Mais segurança pública pode implicar também menos gastos privados nessa área, o que compensaria essa contribuição adicional. Além disso, vamos preferir melhorar as condições de nossos policiais a fazer novas contratações. De que adianta termos mais profissionais mal pagos, mal treinados, mal organizados? Finalmente, vamos constituir, ainda neste mês de janeiro, um fundo público não-estatal, gerido por pessoas de probidade reconhecida por toda a sociedade, cujo objetivo será complementar a renda dos policiais e dos agentes penitenciários, direta e indiretamente, através de benefícios aos filhos, à saúde da família e à compra de imóveis. O fundo arrecadará recursos por subscrições voluntárias, as quais serão dedutíveis do imposto de renda, conforme já acordado com o presidente João de Souza.

Jornal O Dia: O bico na segurança privada vai continuar sendo tolerado, mesmo sendo ilegal? E o segundo emprego? O Estado vai fazer alguma exigência? Vai cobrar aos policiais alguma contrapartida?

Governador: Sim. Quem receber a bolsa terá de prestar dedicação integral e exclusiva às suas instituições.

Jornal O Globo: O aumento já estava previsto ou foi uma solução encontrada para esfriar os ânimos e acalmar as reações dos policiais à emenda da desconstitucionalização e à criação do fórum para a reforma das polícias?

Governador: Estava previsto. Não anunciamos antes da posse para não gerar expectativas irrealistas, sobretudo entre os inativos e as demais categorias. Mas devo admitir que também serve para esfriar os ânimos. E para demonstrar àqueles que continuam apegados ao conservadorismo corporativo que desejamos reformas radicais não para destruir, mas para construir. E que nosso compromisso é com a valorização profissional dos policiais. Não viemos perseguir ninguém. Seremos rigorosos nas cobranças. Não vamos mais admitir corrupção, práticas ilegais, brutalidades. Mas sabemos reconhecer a importância dos servidores dessa área e vamos fazer o possível e o impossível para dignificar a carreira policial.

Jornal O Globo: Governador, o senhor vai fazer alguma coisa em alguma outra área ou só na segurança?

Governador: Claro que vou, pelo amor de Deus. Mas é preciso que todo mundo entenda o seguinte: para fazer nas outras áreas, tenho de começar fazendo onde nunca se fez nada em profundidade. Sem desatar o nó da segurança, tudo o mais vai continuar patinando.

XVI
12 de janeiro de um ano futuro

GLOBO ON, 9:30 DA MANHÃ

[Choque de realidade]

A secretária de segurança cidadã e prevenção da violência, Maria Alice Cavalcanti, convidou parlamentares, jornalistas, pesquisadores, representantes das universidades e da sociedade civil para uma longa e detalhada visita de três dias às unidades estratégicas da área da Segurança e da Justiça Criminal: os órgãos da perícia, as delegacias que ainda concentram prisioneiros, as casas de custódia e as penitenciárias, os institutos do Degase, a Delegacia Legal onde se concentram os dados (a quinta DP), a Ouvidoria e a sede da Subsecretaria de Inteligência, que substituiu o Centro de Inteligência da Segurança Pública. A intenção, segundo a secretária, não é denunciar desmandos nem desnudar o que o marketing político falsifica: "O propósito", afirmou, "é inaugurar um novo momento, regido pela transparência e a participação, abrindo a casa do Estado à observação pública, facultando a entrada além da sala de estar e compartilhando com a sociedade informações fundamentais sobre a cozinha, os fundos da casa, a área de serviço oculta atrás do jardim vistoso. Desse modo será possível apresentar com seriedade o diagnóstico e o programa de governo, permitindo que a mídia e a sociedade avaliem tanto sua adequação às condições reais quanto a pertinência e a plausibilidade das metas."

A visita está sendo feita desde a manhã de hoje e as fotos, os depoimentos e as avaliações serão apresentados em entrevista coletiva, às 18:00, na sede da Secretaria. Mas a jornada continua amanhã.

Para o novo chefe da Polícia Civil, Vicente Jorge Neto, o objetivo da visita é "identificar as falhas que exigem correção mais urgente".

Segundo o novo comandante-geral da PM, coronel Ubirajara Nascimento, a visita ajuda a evitar os maiores riscos para um plano de segurança, que seriam: "a falta de foco, a ausência de planejamento, as pretensões irrealistas, o mero continuísmo preguiçoso e, pior do que todos, o voluntarismo, que dispersa recursos e pulveriza energia política".

Antes de deixar o gabinete do governador, com quem tomou o café da manhã, às 6:30, Maria Alice declarou: "Nosso plano de segurança terá a forma de um grande contrato com a sociedade. Precisamos de uma trégua política. Para isso, vamos definir, de modo amplamente negociado, o patamar razoável de expectativas e o nível justo de cobranças."

Segundo observadores, essa estratégia seria especialmente importante para conter os prováveis ataques políticos dos adversários do governador.

A secretária completou: "Os problemas são sérios demais para que se permita que seu tratamento seja submetido a improvisos ou chantagens políticas."

XVII
14 de janeiro de um ano futuro

O JORNAL *O GLOBO* PUBLICA UM CADERNO ESPECIAL, COM O TÍTULO "O QUE FAZER COM O SISTEMA PENITENCIÁRIO BRASILEIRO?". ARTIGO DA SECRETÁRIA MARIA ALICE CAVALCANTI, EM PARCERIA COM A PROFESSORA MIRIAM GUINDANI, DA UFRJ, ABRE O CADERNO.

O trauma de São Paulo não deve ser esquecido

São Paulo tinha 144 mil presos, em 2006, quando explodiram as rebeliões. Isso correspondia a 360 por 100 mil habitantes. O país tinha 350 mil, o que equivalia a 212 por 100 mil. Em 1995 havia 150 mil presos no Brasil, o que representava 95 por 100 mil habitantes. Esses números nos diziam que o Brasil vinha encarcerando muito, de forma crescente e acelerada; e que São Paulo tinha sido muito mais voraz na aplicação do encarceramento do que os demais estados. Isso continua verdadeiro. Os dados atuais mantêm a mesma relação. Não houve alterações significativas. Muito menos mudanças de tendências.

Examinemos a outra ponta: aonde vão os que entram no sistema e que condições encontram? As unidades prisionais, em todo o país – e São Paulo não é exceção –, descumprem a Lei de Execuções Penais, promulgada em 1984: (a) os presos são misturados, independentemente da gravidade de seus crimes; (b) as penitenciárias são muito grandes, dificultando a gestão, a vigilância e a separação necessária; (c) a superlotação ultrapassa todos os limites; (d) não há o acompanhamento da situação legal dos apenados, proporcionando-lhes a progressão prevista na sentença – a realidade de São Paulo, nesse sentido, é assustadora: dos presos daquele estado, 38 mil estão cumprindo pena além do tempo ditado pela sentença; (e) as condições de higiene são degradantes e dramaticamente insalubres; (f) trabalho e educação são raramente oferecidos; (g) a progressão de regime freqüentemente é uma fraude, porque não há controle rigoroso do preso, no semi-aberto e no aberto, o que enseja fugas e/ou práticas de crimes, perpetuando o retorno do egresso ao sistema, pela reincidência; (h) o egresso não é apoiado para reinserir-se na comunidade; (i) os agentes penitenciários raramente contam com escolas de formação e uma carreira – o que reduziria a corrupção e aperfeiçoaria seu trabalho.

Se não garante direitos consagrados na LEP, o sistema penitenciário brasileiro, de um modo geral, não é mais eficiente e legalista no controle da massa carcerária e na repressão a ações criminosas, cometidas tanto no interior quanto no exterior das unidades prisionais, por meio de ordens transmitidas pelas vias mais diversas.

Combinando-se as duas faces da incompetência institucionalizada e da ilegalidade, temos o pior dos dois mundos: nem direitos assegurados nem deveres impostos. A primeira falha gera indignação e revolta na massa carcerária. A segunda propicia a transformação do ressentimento em atos concretos de rebeldia e retaliação. Com um braço se atiça a brasa, com o outro se distribuem galões de gasolina.

Já é tempo de retomarmos os dados apresentados no primeiro parágrafo. Se o país está encarcerando mais e não cumpre a LEP, está jogando lenha na fogueira. São Paulo tem seguido o padrão nacional, mas numa proporção avassaladora. Portanto, a insurreição de São Paulo estava e permanece presente, embrionariamente, em todo o país. Não se pode prender aos milhares e despejar essa multidão no inferno, dotando a massa de ferramentas de organização e ação criminosa. O caso de São Paulo se destacou e, em certo sentido, antecipa cenários possíveis em outras regiões, por uma razão de escala e intensidade das pressões exercidas pelas variáveis em ação.

Que lição se extrai desse diagnóstico? É necessário compreender que o ingresso, a permanência e a saída dos presos do sistema penal exigem uma política integrada e que a elasticidade não pode se dar no ingresso, se não houver vagas suficientes e em condições compatíveis com as determinações legais. Isso nos conduz a duas propostas: (1) não são necessárias penas mais longas ou duras, mas a certeza da punição, por um lado, e o cumprimento da LEP, por outro; (2) é preciso que o Judiciário aplique mais as penas alternativas à privação da liberdade, deixando o cárcere para os criminosos violentos – é necessário que o Legislativo flexibilize o Código Penal (peça obsoleta, que inclui dispositivos sobre os quais se poderia argüir inconstitucionalidade) quando se tratar de crimes não-violentos. Para que mais penas alternativas sejam aplicadas e fiscalizadas com rigor seria conveniente que os municípios cooperassem com a Justiça, oferecendo oportunidades e monitorando o cumprimento de tais medidas.

É verdade que o país ganharia se gastasse mais com educação. Mas não é verdade que devamos depreciar os gastos com o sistema penal, porque essa atitude impede o respeito do Estado à LEP. Um Estado que desrespeita a lei comete crime. Em o fazendo, estimula a violência dos presos. Quando explode a barbárie de rebeliões e atentados, o Estado tende a trocar a firme ação legal pela vendeta. Quando isso acontece, a espiral de violência se retroalimenta e o crime acaba vencendo, na medida em que o Estado renuncia ao Direito e imita seus inimigos. Portanto, é dever dos novos governantes, estaduais e nacionais, que assumiram o poder recentemente criar as condições necessárias para garantir o cumprimento da LEP como primeiro passo – apenas o primeiro, mas decisivo – para a solução desse imenso desafio que é o sistema penitenciário brasileiro.

XVIII
16 de janeiro de um ano futuro

JORNAL DO BRASIL

"Um encontro de três horas reuniu, ontem, no auditório do Palácio Guanabara, os titulares da Secretaria de Segurança Cidadã, os membros do Gabinete de Gestão Integrada da Segurança e todos os delegados da Polícia Civil e oficiais da PM. O governador esteve presente e fez um discurso de boas-vindas, reiterando seus compromissos com as reformas já encaminhadas ao Congresso Nacional e reafirmando a autoridade e a autonomia da secretária Marcia Alice Cavalcanti.

"O Gabinete de Gestão Integrada da Segurança é composto pela secretária, pelos dois chefes das polícias estaduais, pelo diretor do novo Instituto Integrado de Perícia, Dr. Augusto Coelho, pelo secretário de Administração Penitenciária, Marcelo Freixo, por representantes do Ministério Público, da Defensoria Pública e do Tribunal de Justiça, por um representante das Guardas Municipais do Estado do Rio e pelos superintendentes das Polícias Federal e Rodoviária Federal, Carlos Henrique de Souza e Marisa Dreys, recém-nomeados pelo novo ministro da segurança pública, Raul Jungman. O Gabinete já vem se reunindo e espera que os demais membros ainda não indicados sejam nomeados ainda esta semana.

"Estiveram também presentes ao encontro dirigentes de organizações da sociedade civil, de universidades e de institutos de pesquisa sobre violência.

"O clima era de grande inquietação. Delegados leram um documento denunciando a insuficiência de informações sobre o processo de mudanças e a atmosfera de perplexidade e incerteza dos agentes policiais ante anúncios pela mídia de mudanças radicais que ferem a integridade da instituição Policial Civil, desestimulam os profissionais e geram inevitável paralisia.

"A secretária Maria Alice distribuiu uma brochura explicativa do plano de segurança e das alterações legais em discussão no Congresso Nacional. Apresentou os dirigentes do Fórum para a Reforma das Polícias e exibiu o site que tornará públicos os debates do Fórum e que colherá sugestões.

"Foi anunciada a criação de comissões internas às polícias para discutirem as reformas e prepararem as mudanças. Elas começarão a funcionar logo depois do seminário internacional, que se realizará na próxima semana, com a presença dos policiais e gestores que conduziram algumas das principais reformas das polícias no mundo.

"Há uma evidente queda-de-braço entre segmentos policiais e o governo que se manifesta mais diretamente nas tensões entre esses grupos de policiais e as chefias das polícias, com ameaças veladas de parte a parte. Aos poucos vai ficando claro para todos que o governo não está disposto a recuar. Resta, então, aos policiais que resistem às mudanças o caminho da progressiva acomodação ao novo quadro. Alguns já perceberam que é mais conveniente para suas carreiras nas futuras polícias apoiar o processo de mudança e até liderá-lo. Como diz a sabedoria popular: quando não é possível derrotar o inimigo, é melhor unir-se a ele.

"Questionada a respeito, Maria Alice respondeu: 'Não há inimigos. Há pontos de vista diferentes, o que é natural. Ninguém imaginaria possível promover uma revolução desse tamanho, dessa profundidade, sem resistências corporativas. Mas, na medida em que os policiais forem compreendendo que eles serão os primeiros beneficiados e que as reformas não se darão contra eles, tudo vai se ajeitar e eles passarão do susto e da resistência à adesão completa. Pelo menos os bem-intencionados, que são a maioria.

"Enquanto isso, o expressivo aumento salarial para as categorias inferiores das polícias, adotado pelo expediente indireto da bolsa de estudos, parece ter convencido a grande maioria dos policiais a apoiar o governo e as reformas. Segundo porta-vozes desses segmentos, como o sargento Wanderley Nunes, presidente da associação de cabos e soldados, os profissionais compreenderam que não ganham nada se agarrando ao modelo tradicional de polícia, no qual 'não são valorizados, sofrem riscos excessivos e são cobrados por uma incompetência que não é sua, individualmente'."

JORNAL *O GLOBO*

"O momento mais tenso do encontro da cúpula da segurança, ontem, no Palácio Guanabara, aconteceu quando a secretária Maria Alice Cavalcanti falou do envolvimento dos policiais com a segurança privada. O discurso da secretária pegou de surpresa os oficiais e delegados, muitos deles donos de empresas de segurança. A proposta que Maria Alice apresentou provocou grande desconforto na audiência. Segue, na íntegra, a transcrição do pronunciamento da secretária:

"Tenho em mãos uma lista de empresas prestadoras de serviços de segurança, cujos proprietários são esposas ou familiares de coronéis e delegados. Não foi necessário nenhum trabalho profundo de investigação, porque os vínculos de vários dos senhores com essas empresas são amplamente conhecidos. Apesar da flagrante ilegalidade, há dimensões éticas extremamente graves envolvidas. Um servidor público não pode oferecer ao público, privadamente e em termos comerciais, um serviço cuja demanda cresça na exata medida em que se degrade a qualidade do serviço público. Simplesmente porque isso significa que passa a ser do interesse privado de cada agente individual da segurança pública a decadência do serviço público que oferece. Isso também significa um choque entre os interesses público e privado, quando o primeiro se realiza através da fiscalização das empresas privadas que atuam na área, e o segundo procura evitar a fiscalização, porque a negligência lhe pode ser mais conveniente.

"Tudo se complica ainda mais quando nos lembramos de que muitos policiais se envolvem não apenas em segurança privada formal, pagando impostos, mas também nos serviços informais, que facilmente passam da informalidade à criminalidade. É o que acontece com as chamadas 'polícias mineiras', que disputam territórios com traficantes para substituí-los no domínio despótico que impõem a comunidades inteiras.

"Além disso, há muitas empresas sérias e honestas que pagam os impostos e se vêem obrigadas a uma competição desleal, seja com os serviços informais, seja com empresas que têm ligações com policiais, isto é, têm acesso a informações privilegiadas e outras facilidades.

"No entanto, nosso governo compreende que o caos que vinha caracterizando, há décadas, a área da segurança pública no Brasil, e em especial no estado do Rio de Janeiro, acabou criando um contexto no qual se diluíram os critérios éticos mais elementares, tornando turva a visão dos profissionais, da mídia e do público em geral. Perderam-se as referências mínimas, na medida em que passamos a achar naturais os absurdos mais escandalosos, que iam desde os crimes de todos os dias até a corrupção policial à luz do dia, passando pela matança em que têm sido algozes e vítimas os policiais. Na confusão geral, o inaceitável vai se tornando tolerável e banal.

"Sendo assim, não faria sentido cobrar pelo passado, a não ser em casos que envolvam motivação criminosa clara. Vamos olhar para a frente, reconstruindo o presente. É hora de arrumar a casa. Aqueles que, entre os senhores, mantêm ligações com negócios de segurança privada terão três meses para decidir entre ficar com os negócios privados e ficar com a segurança pública. Os que não são sócios desses empreendimentos privados, apenas prestam serviços como bico, o que é mais comum entre policiais de baixa patente, esses devem se apresentar para negociar um programa progressivo de reversão de horas para a polícia, que contratará o tempo de folga. No prazo máximo de seis meses, esses policiais terão deixado a prática ilegal da segurança privada.

"Como todos sabem, os gestores da segurança pública nunca tiveram interesse em fiscalizar a segurança privada – o que poderiam fazer mediante convênio com a Polícia Federal. Sabiam que encontrariam lá os seus comandados fazendo bico para completar a renda. Mesmo sendo ilegal, julgavam legítimo e honesto o esforço dos policiais. Além disso, sabiam que sem esse bico os policiais não teriam como se resignar aos salários que recebem. As pressões por aumentos salariais viriam com toda a força e explodiriam o orçamento público. Em outras palavras, os gestores sabiam que o vínculo informal de nossos policiais de baixa patente com a segurança privada era o que tornava viável um orçamento público irrealista, que reservava tão pouco aos profissionais da segurança pública. Para sermos ainda mais diretos: a segurança privada financia a segurança pública em boa parte do país. No Rio não é diferente. Esse fenômeno ocorre em escala especialmente significativa.

"As intenções são boas. Demonstram solidariedade aos policiais de baixa patente, que não têm recursos suficientes para serem sócios de empresas de segurança e precisam do emprego informal que conseguem nessas empresas. Por isso, os gestores lavam as mãos, fingem que não vêem, disfarçam, olham para o lado e seguem em frente. Acontece que de boas intenções o inferno está cheio. A conseqüência dessa renúncia à fiscalização é a seguinte: para não encontrar os bons policiais no bico ilegal, o Estado acaba não fiscalizando o mau policial na "mineira". O que é informal se degrada no crime, perdemos o controle e as redes clandestinas da segurança privada se conectam com as teias criminosas, gerando esse monstrengo que assombra, hoje, principalmente a Baixada Fluminense e a Zona Oeste da capital.

"É preciso que o Estado retome as rédeas do processo. Para fazê-lo, terá que cortar o cordão umbilical perverso que amarra as contas públicas ao bico ilegal dos policiais. Já começamos a nos preparar para essa cirurgia. O governador já anunciou, entre outras providências, o aumento de até 300% para os policiais de mais baixa patente, através do expediente da bolsa de estudos. Nesse contexto de mudanças que visam restabelecer a ordem legal, o controle por parte do Estado da segurança pública e as condições para uma gestão racional dos recursos humanos e materiais, vamos acabar com o regime de trabalho dos plantões e das escalas de 12 por 48 horas e de 24 por 72 horas. Todo profissional da segurança vai ter seu horário diário de trabalho, em seu turno específico, para que haja plena dedicação e continuidade nos trabalhos iniciados."

XIX
21 de janeiro de um ano futuro

O CADERNO "ALIÁS", DO JORNAL *O ESTADO DE SÃO PAULO*, E O JORNAL *O GLOBO*, EM SUA PÁGINA DE OPINIÃO, PUBLICAM O SEGUINTE ARTIGO, ASSINADO PELA SECRETÁRIA MARIA ALICE, NA ABERTURA DE UMA SEMANA DEDICADA, NO RIO DE JANEIRO, À CELEBRAÇÃO DE CONSÓRCIOS MUNICIPAIS (DEDICADOS A POLÍTICAS INTERSETORIAIS DE PREVENÇÃO DA VIOLÊNCIA) E AO INÍCIO DA ORGANIZAÇÃO DAS CONFERÊNCIAS MUNICIPAIS SOBRE SEGURANÇA PÚBLICA, NO ÂMBITO DO PROCESSO DE DISCUSSÃO SOBRE OS NOVOS MODELOS DE POLÍCIA, DE PREVENÇÃO E DE SEGURANÇA.

A contribuição dos municípios

Como ocorre com freqüência em nosso país, os fatos atropelam as leis, de tal modo e com tal intensidade que as leis terminam desautorizadas, o que provoca uma espécie de limbo de autoridade e legitimidade. É o que está acontecendo com as Guardas Civis municipais. O procedimento tradicional limitava-se à contribuição que a prefeitura oferecia às polícias estaduais, através da doação de viaturas, equipamentos, etc. Hoje, a demanda da sociedade exige mais que isso, o que tem estimulado as mais variadas iniciativas: por vezes inteligentes, criativas e eficientes, sobretudo em matéria de políticas sociais preventivas; por vezes meramente cosméticas e superficiais.

Nesse contexto político, a resposta mais comum tem sido a criação de Guardas Civis como agentes da segurança pública, treinadas e organizadas como polícias militares em miniatura e comandadas por oficiais das PMs. O resultado tende a ser a reprodução, na escala municipal, dos erros e dos problemas observados nas polícias militares. Dos cerca de 5.500 municípios brasileiros, aproximadamente 300 possuem Guardas Civis – e cerca de 1.200 têm serviços de proteção patrimonial, prestados por vigilantes.

O país poderia aproveitar o momento de criatividade municipal para constituir polícias de novo tipo, ao nível municipal, comprometidas com a qualidade (eficiência e responsabilidade diante da sociedade, com respeito às leis e aos direitos humanos), saltando etapas e fazendo as novas Guardas Civis alcançarem, já em seu momento de constituição, o que poderia ser definido como estágio futuro das polícias brasileiras pós-reforma (supondo-se que ocorra a reforma que defendemos, cuja matriz é a desconstitucionalização, e que significa a transferência aos estados da autoridade para definir o modelo de polícia que desejem ter). Nesse sentido, as Guardas Civis, formadas segundo tais modelos de excelência, corresponderiam à prefiguração das polícias brasileiras do futuro, o que serviria para animar o movimento pela reforma policial e para apontar seus rumos.

Ao invés de avançar na direção das polícias do futuro, isto é, de novos modelos de polícia, o processo em curso, na maioria dos municípios e no Congresso Nacional – onde já se inscreveram mais de 30 projetos de Emenda Constitucional relativas ao tema –, tem indicado, do ponto de vista político-legislativo, duas outras direções:

(a) A maioria dos políticos conservadores e liberais tem defendido a transformação das Guardas Civis municipais em forças policiais ostensivas, equivalentes, em suas funções, às polícias militares. Essa posição não envolve a exigência de que a conversão das Guardas Civis em polícias implique o cumprimento de um conjunto mínimo de exigências, destinadas a garantir sua fidelidade aos preceitos de qualidade, tais como acima postulados (os quais serão apresentados em detalhes, adiante). Ao contrário, as exigências destacadas, em geral, deixam entender que a expectativa com a qual esses políticos trabalham é, justamente, aquela que prevê a metamorfose das Guardas Civis em pequenas PMs;

(b) Por sua vez, a maioria dos políticos ligados aos partidos de esquerda tentam frear a dinâmica em curso no país, defendendo o retorno das Guardas Civis às suas funções originais, o que significaria limitá-las à proteção do patrimônio público municipal (função incompatível com a magnitude que tem assumido a problemática da insegurança e frontalmente contrária ao clamor popular).

A tendência aponta no sentido da vitória dos políticos conservadores e liberais. As esquerdas não compreenderam que a melhor forma de evitar a geração de novos instrumentos institucionais que violem os direitos humanos não é pela oposição (neste caso francamente reacionária, porque regressiva) a um processo irreversível, mas pela tentativa de conduzi-lo a objetivos mais apropriados, que sejam simultaneamente capazes de prover mais e melhores serviços de segurança, com garantias de respeito aos direitos fundamentais.

O fato é que, hoje, no Brasil, a segurança municipal, em função das ambigüidades que caracterizam as Guardas Civis, encontra-se numa espécie de vácuo legal, cercada de perplexidade e de iniciativas que oscilam entre a criatividade promissora e a réplica do pior que nosso passado nos legou em matéria policial. Conforme eu disse, esta segunda opção tem se revelado amplamente predominante. De todo modo, devemos ter presente que a grande contribuição dos municípios à segurança e a mais original será na esfera das políticas preventivas, isto é, das ações sociais e culturais voltadas para disputar menino a menino com o crime. Ações que possam gerar fontes de atração de jovens, com capacidade de encantamento e sedução, valorizando-os, educando-os e os divertindo. Essas ações sociais funcionariam como centros gravitacionais. Do mesmo jeito que o tráfico e o crime são centros gravitacionais. A disputa se dará entre as respectivas capacidades de oferecer saídas e mobilizar o imaginário e os afetos das crianças e dos adolescentes. Daí a importância da música, das artes, da cultura hip-hop.

Das experiências bem-sucedidas no Brasil e no exterior, podemos aprender algumas lições:

(1) O município é a esfera mais apropriada às políticas de prevenção da violência, em razão da agilidade e da capilaridade das ações, da sensibilidade às variações locais e da importância das interações diretas com as comunidades.

(2) Essas políticas são intersetoriais e podem ser implementadas

com ou sem Guardas Civis – preferencialmente com elas, desde que sua organização combine descentralização com integração sistêmica, ou seja, atribuição de autonomia a cada agente que execute a política, para que atue com liberdade criativa e com iniciativa, mas de tal forma que não se percam os vínculos entre as ações dos agentes envolvidos.

(3) O êxito depende da capacidade de diagnosticar, em cada bairro, os processos sociais que levam à reprodução das práticas violentas e criminosas, porque esses processos é que constituem o alvo a ser interceptado.

(4) É fundamental delimitar territorialmente cada conjunto de iniciativas, dotando-o de objetivos específicos e valorizando cada bairro, cada comunidade. É preciso que o fato de morar naquele lugar seja motivo de orgulho.

(5) A melhor perspectiva a adotar, na formulação de políticas preventivas, como já disse, é a da competição, o pólo de atração que seduz os jovens para o crime e a violência. A política preventiva eficiente é aquela que interrompe o abastecimento de mão-de-obra para o crime. Deve-se ter presente que condições sociais negativas não determinam mecanicamente comportamentos violentos. Elas são potencializadas pelo empreendedorismo dos criminosos, ou seja, por sua capacidade de assumir iniciativas, de intervir agressivamente nesse ambiente, fazendo-o funcionar a seu favor e recrutando jovens que as condições sociais, culturais, emocionais e psicológicas tornam vulneráveis. Por isso, a boa política é a que age com o mesmo dinamismo empreendedor, visando recrutar os mesmos jovens e lhes oferecendo pelo menos os mesmos benefícios, com sinal invertido.

(6) O beneficiário preferencial de políticas preventivas eficientes é o jovem, e o foco, sua auto-estima. A disputa pelo recrutamento dos jovens se dá, antes de mais nada, em seu coração. Antes da fome física está a fome de reconhecimento, acolhimento e valorização. Isso requer muito mais do que uma política de massa, que não tem, por definição, sensibilidade para as características de cada pessoa, de cada pequeno grupo, de cada caso individual. É como se a política pública tivesse de ser "customizada" – essa palavra horrível é usada na linguagem dos computadores e significa exatamente a adaptação de um modelo geral à vontade e às necessidades específicas de cada usuário.

(7) O segredo das boas políticas está na capacidade de transformar círculos viciosos em círculos virtuosos, porque, na segurança pública, as profecias se autocumprem. Quer dizer: o esperado tende a acontecer, uma vez que a expectativa é um dos fatores que provocam o problema. Daí a importância de combater os preconceitos e os estigmas. A reincidência no crime, por exemplo, não é um resultado, é um pressuposto, é alguma coisa que já está presente antes mesmo que o preso chegue ao presídio e que o acompanha durante sua sentença, empurrando-o, pressionando-o como se fosse o desejo secreto do próprio sistema penal. Por isso, pode-se dizer que a reincidência é um destino atribuído e reforçado institucionalmente. Em outras palavras: se todos esperam que o egresso da prisão volte a praticar o crime, ninguém lhe dará emprego. Com isso, aumentarão as chances de que ele venha a confirmar as profecias pessimistas a seu respeito.

(8) Não há êxito sustentável sem avaliação regular e monitoramento corretivo com participação popular e transparência.

Todas essas exigências apontam na direção de um novo tipo de gestor, cuja formação deve ser interdisciplinar. Por outro lado, a intersetorialidade das políticas (o fato de que elas sejam, simultaneamente, policial e de educação, saúde, esporte, cultura, trabalho e renda, habitação, meio ambiente, etc.) requer a formação em segurança dos servidores das áreas sociais.

(9) Finalmente, é indispensável a cooperação com as polícias e as políticas estaduais.

Se houver competência e compromisso, não é impossível que o Brasil comece a reverter o quadro dramático da insegurança, de baixo para cima, vencendo a barbárie e construindo a ordem cidadã, a partir de experiências municipais inovadoras, desenvolvidas em estreita cooperação com os estados e a União. Por isso, o governo do Estado do Rio de Janeiro está convidando os municípios para a formação de consórcios regionais e metropolitanos. No âmbito dessas parcerias e com a participação da sociedade civil, o Estado encontrará a colaboração que poderá vir a fazer a diferença. Não se trata, da parte do governo do estado, de renunciar a responsabilidades, mas de admitir com franqueza a necessidade da contribuição municipal e de reconhecer o potencial incomparável do município.

XX

22 de janeiro de um ano futuro, na TV

Vigésimo segundo dia dos novos mandatos executivos

JORNAL NACIONAL – TV GLOBO

Locutor – Mais um dia de caos no Rio de Janeiro.

Locutora – O Rio continua enfrentando engarrafamentos e muito nervosismo na maior operação de apreensão de armas já desencadeada no Brasil.

Imagens aéreas flagram filas intermináveis de carros.

Corte. Close em motorista que desabafa: "Ninguém agüenta mais essa tal operação. Assim, o governo vai acabar com o crime, mas vai acabar também com os nervos da gente."

Locutor – O carioca anda irritado, mas os índices de criminalidade já começam a cair, segundo o conselho universitário de monitoramento da segurança pública.

Locutora – Conflitos na entrada de duas favelas causam ferimentos em três pessoas e levam a polícia a usar seu novo armamento não-letal.

Locutor – Grupos de direitos humanos que acompanham o processo denunciam arbitrariedades em revistas policiais na Zona Oeste do Rio.

Locutora – O governador José da Silva visita os locais dos conflitos.

Locutor – O *Jornal Nacional* está entrando no ar.

XXI
Resultados?

Não faria sentido escrever um final feliz para essa história que apenas começa. História de um governo diferente, em qualquer estado do país, embora, aqui, a referência mais direta tenha sido o Rio de Janeiro. Um governo que trabalharia em harmonia com um governo federal ousado, criativo e, realmente, comprometido com a mudança do quadro atual de insegurança pública.

Se pudesse redigir o diário imaginário desse governo futuro, focalizaria as dificuldades, resistências corporativistas, as incompreensões e os erros, mas, sobretudo, destacaria a possibilidade dos avanços. Aposto que eles seriam rápidos e consistentes, porque a política adotada seria sistêmica, quer dizer, integrada e capaz de lidar, simultaneamente, com o conjunto dos problemas de uma maneira sustentável. Em pouco tempo, os resultados começariam a aparecer. O mais importante seria a reversão da tendência. A criação das condições necessárias para que o futuro não continuasse a ser mera repetição do passado. Não como farsa, mas como tragédia.

Segunda parte

I
Para todos

Durante alguns anos, a classe média acreditou que seriam suficientes os muros, os carros blindados e a segurança privada, reforçados por um policiamento ostensivo bem distribuído nos bairros nobres. Hoje está evidente que essas medidas são insuficientes e que, além disso, os pobres também clamam por segurança, precisam de proteção e vivem uma situação até mesmo mais dramática do que a classe média nessa matéria. E está óbvio para qualquer observador atento que a insegurança de uns está ligada à de outros, porque os criminosos armados se estabelecem nas comunidades mais pobres, submetendo-as ao seu regime de terror, e avançam sobre as cidades, cometendo toda sorte de delito. Por outro lado, o varejo do tráfico de drogas – para considerarmos apenas um exemplo, ainda que importante – só existe porque há os que comercializam as drogas no atacado e os que lavam dinheiro. São criminosos de colarinho branco, envolvidos com policiais e políticos corruptos.

Em outras palavras: ou haverá segurança para todos, ou ninguém estará seguro. As soluções têm de ser válidas para todos. E, para serem eficazes, têm de enfrentar o problema em todos os seus vários aspectos, ao mesmo tempo.

Aliás, é curioso. Até o início de 2006, a grande imprensa do Sudeste praticamente só falava do inferno carioca e fluminense. No máximo mencionava as capitais campeãs dos homicídios, como Recife e Vitória. Mas o fenômeno da violência criminal parecia isolado e muito pouco nacional. Quando explodiram as rebeliões carcerárias em São Paulo e os atos de terror do PCC, a percepção geral mudou na mídia mais influente. Agora está claro que o problema é de todos nós. E a conclusão se reafirma em escala nacional: ou todos estaremos seguros ou viveremos, todos, no medo e na insegurança. Não há mais espaço para soluções parciais ou unilaterais.

Trata-se, portanto, de promover mudanças para que esse objetivo amplo e generoso seja alcançado. É dever do Estado prover segurança para todos, mas também é responsabilidade da sociedade – conforme o artigo 144 da Constituição Federal. O Brasil tem todas as condições para atingir essa meta.

Esqueceram a segurança

Impressionante o que aconteceu. O país atravessou a estrada sinuosa que nos conduziu da ditadura à democracia. A transição foi consagrada na Constituição de 1988. E todas as instituições se adaptaram às novas condições. Quase todas. As polícias e as prisões ficaram à margem do processo. Hoje pagamos o preço por nossa negligência coletiva. Interessante: esse esquecimento não é exclusividade brasileira. Ocorreu de forma semelhante na África do Sul, na Rússia e, de um modo geral, nos países da Europa do Leste que se democratizaram nos anos 1990.

Por que isso aconteceu? Houve um casamento paradoxal entre direita e esquerda, abençoado pelos lobbies corporativos das polícias. Os conservadores convenceram-se de que não havia necessidade de mudar, porque o modelo tradicional manteria as polícias como instrumentos da segurança do Estado, bem ao estilo autoritário que marcou nossa história. Os progressistas não queriam nem ouvir falar em polícia, depois de anos fugindo de suas garras. Não tinham disposição psicológica nem capacidade de formular propostas alternativas. Eram bons na denúncia e na crítica, mas fracos na proposição construtiva. Até porque acreditavam que polícia não servia para nada. Era apenas um mal necessário a ser eliminado quando a humanidade alcançasse o paraíso da igualdade social. Ou servia somente para perseguir os oprimidos nas sociedades de classe – essa suposição, ainda que equivocada quando generalizada, coincidia com a experiência histórica brasileira, na medida em que nosso sistema de justiça criminal, em seu conjunto, e as polícias, em particular, tradicionalmente vêm violando os princípios de eqüidade e aplicando as leis com filtro social e racista.

Outro equívoco da esquerda, que a imobilizou e a tornou cega para a problemática da segurança, foi a idéia de que o crime é sintoma, é conseqüência e, portanto, secundário. Melhor seria deixá-lo de lado e tratar das causas, isto é, da economia, da educação, do emprego e das desigualdades sociais. Claro que relações existem, mas a fórmula causa-conseqüência é simplista e falaciosa. Aplicá-la pode ser desastroso. Por várias razões, entre elas destaco três:

(1) Sintomas também podem matar os pacientes. Às vezes é preciso, paralelamente à terapia profunda, tratar diretamente os sintomas. Mesmo se fossem conseqüência, os crimes poderiam acabar impedindo nossa vida coletiva em ambiente democrático, muito antes que a democracia desse conta de produzir as transformações estruturais para que as desigualdades fossem reduzidas a padrões minimamente toleráveis. Quero dizer o seguinte: dona Maria não quer saber se o crime é causa ou conseqüência; quer é chegar sã e salva, hoje à noite, à sua casa, e quer encontrar seus filhos sãos e salvos. Dona Maria, eu, você e as torcidas do Flamengo e do Corinthians, juntas. Se permitirmos que a barbárie se instale, não haverá futuro algum. Não haverá país nenhum. Nem oportunidade para que se realize nosso sonho comum e feliz de cidade, como diria Caetano Veloso.

(2) Crimes são conseqüência, mas são causa também. Causa de menos crescimento econômico, menos emprego, mais depreciação dos imóveis, pior educação, menor auto-estima, mais medo e preconceito contra os pobres, menos participação social no processo democrático, etc.

(3) Há os mais diversos tipos de crime. Qualquer generalização, nesse caso, é equivocada. Por exemplo: um menino de 11 anos, morador de rua, que rouba a bolsa de uma senhora na esquina da Ipiranga com a São João, no centro de São Paulo, ou na Avenida

Nossa Senhora de Copacabana, no Rio de Janeiro, e usa o dinheiro para cheirar cola e comer um sanduíche, é parte de um problema social. Essa criança é o retrato do abandono. É um espelho do Brasil que nos enche de vergonha e desolação. A transgressão que ela comete é bem mais do que uma simples conseqüência, é a própria realidade do problema se manifestando, nas ruas, diante de nossos olhos. Impossível negar a presença, nesse caso, do drama social na gênese do delito. Mas há o empresário que burla o fisco e lava dinheiro. Ele provavelmente fala línguas estrangeiras, conhece os softwares de última geração e se movimenta com facilidade nos labirintos das mais sofisticadas operações financeiras globalizadas. Os crimes perpetrados por esse homem são sintoma das desigualdades sociais ou da miséria? Claro que não. São estimulados, isso sim, pela impunidade. Infelizmente, em nosso país, as ações policiais e a Justiça preferem olhar para baixo do que focalizar o que se passa nos estratos superiores da sociedade.

Melhor dizer a verdade

Para que você não confunda meu otimismo com ingenuidade, preparei um cardápio das péssimas notícias que configuram a situação atual da criminalidade e das instituições responsáveis pela ordem pública. Se preferir, salte daqui para o próximo capítulo. Se decidir ler, respire fundo e não se deprima. Dados negativos são maus conselheiros. Costumam levar à descrença e à apatia. O resultado é essa melancólica anestesia geral que nos imobiliza e acaba contribuindo para que tudo continue como está. Por outro lado, é necessário olhar a realidade nos olhos, nua e crua. A retórica oficial não se cansa de repetir o mantra: "a situação está sob controle"; "a violência tem diminuído e as instituições têm melhorado sua performance". E por aí vai. Geralmente, os governantes têm boas intenções. Eles acham que, se disserem a verdade, o mundo virá abaixo e o pânico tomará conta das ruas.

De minha parte, prefiro a verdade, sempre. Mesmo que doa e atemorize, a verdade tem o dom de criar um vínculo de confiança entre quem fala e quem ouve. De tal maneira que, no futuro, quando as autoridades pedirem um crédito de confiança, obterão resposta positiva. A retórica oficial está tão desgastada que já não engana ninguém. Não dá mais para tapar o sol com a peneira. O rei está nu.

É preciso reconstruir as polícias e o sistema penitenciário, de alto a baixo. É indispensável e urgente começar de novo, em matéria de segurança pública, e essa tarefa histórica só será realizada se nos habituarmos a falar a verdade, sem meias palavras. Se não, vamos continuar nos enganando. Não é mais possível tratar a doença grave com aspirina. Cumpre substituir o modelo institucional que herdamos da ditadura por novos formatos e as velhas medidas pontuais, voluntaristas e dispersas por uma política integrada e sistêmica de segurança pública digna deste nome.

II
Crime, polícia, penitenciária: tragédia à brasileira

Não vamos perder tempo com estatísticas. O diagnóstico já é bastante conhecido. Mesmo assim, para que você tenha uma idéia mais precisa do tamanho dessa tragédia, lembre-se do seguinte: mais de 40 mil pessoas são assassinadas todos os anos em nosso país. A maioria das vítimas é jovem do sexo masculino, entre 15 e 24 anos, em geral pobre e negra. O problema é tão sério que já há um déficit, na estrutura demográfica brasileira, de jovens nessa faixa etária do sexo masculino.

Apesar dessa concentração, a violência é uma ameaça a todos. Ninguém está livre de seus efeitos destrutivos.

Os crimes que provocam a morte das vítimas são diversos. Os mais importantes, do ponto de vista da dinâmica criminal, são os homicídios intencionais, tecnicamente chamados dolosos. É bom separar os tipos, porque há os homicídios não-intencionais, involuntários, comuns – por exemplo, nos acidentes de trânsito – e que nada têm a ver com a violência criminal, ainda que sejam muito importantes.

Os homicídios dolosos têm ocorrido em nosso país, principalmente, em três contextos: (a) o tráfico de drogas e armas; (b) os conflitos em casa e nas ruas, entre desconhecidos mas também entre conhecidos, nos bares, no trânsito, nas esquinas, pelos motivos mais tolos e fúteis (a briga só acaba em tragédia porque há uma arma disponível e, muitas vezes, porque o álcool está presente, turbinando as paixões), e (c) a "pistolagem" ou o crime a soldo, ainda comum em algumas regiões, que envolve a contratação de um matador de aluguel.

O tráfico é o que mais cresce, graças à sua capacidade de recrutar jovens vulneráveis, aqueles que estão sem perspectiva e esperança, fora da escola e sem trabalho, sem afeto e com baixa auto-estima, sem acesso a esporte, lazer e atividades culturais.

Há os crimes que não provocam a morte das vítimas, mas fazem um mal muito maior do que poderíamos supor, se calculássemos apenas as perdas materiais. São os assaltos, os roubos e até mesmo os furtos. Eles produzem uma sensação generalizada de insegurança e medo, cujos efeitos são danosos, tanto psicológica quanto socialmente. Os preconceitos se intensificam e a violência se propaga como uma doença contagiosa. Por motivos compreensíveis: todos ficam tão apavorados com os desconhecidos que tendem a agir de forma violenta, preventivamente. O clima das cidades fica irrespirável. Qualquer desconhecido se torna uma ameaça.

Como as armas circulam em grande quantidade, são baratas e fáceis de comprar no comércio ilegal, qualquer crime contra o patrimônio pode facilmente se transformar em um crime contra a vida. Basta o assaltante ter cheirado cocaína e a vítima, por nervosismo, tirar o pé da embreagem, sem querer. O carro dá um solavanco e o criminoso, assustado, atira.

Nem é preciso mencionar os seqüestros, os estupros, a violência doméstica, a exploração sexual de crianças e adolescentes. Há muitas práticas cruéis que têm se disseminado. Cada uma delas tem suas características e exige uma forma própria de enfrentamento. Não há uma solução única. Reconhecer essa multiplicidade é o primeiro passo para não cometer erros na definição das estratégias que devem ser aplicadas para combater com êxito esses problemas.

Por outro lado, as polícias brasileiras não funcionam. Há excelentes profissionais, competentes e honestos, homens e mulheres honrados, trabalhadores dedicados que arriscam suas vidas, todos os dias, por salários quase sempre indignos. E há algumas ilhas de excelência, aqui e ali, que se descolaram da ineficiência geral e se destacaram. Mas são exceções. O fato é que nossas instituições da segurança, polícias e sistemas penitenciários, estão isoladas e falidas. Suas formas de organização e suas estratégias usuais constituem soluções esgotadas que só cumpriram sua missão durante a ditadura. E que missão! A pior possível. À sombra do arbítrio, produziram ordem a qualquer custo, gerando mais desordem, indiretamente (como demonstrou, examinando as Forças Armadas, nesse período, o historiador-jornalista Elio Gaspari). As polícias brasileiras não estão preparadas para a democracia e as exigências do mundo contemporâneo.

Enquanto vivemos os efeitos da terceira revolução industrial – a era da informação –, enquanto a economia se globaliza e a sociedade se complexifica, continuamos na idade da pedra, em matéria de segurança.

Nossas polícias são máquinas pesadas e lentas, nada inteligentes e criativas, que não valorizam seus policiais nem os preparam adequadamente; não planejam nem avaliam o que fazem; não aprendem com os erros porque não os identificam; não conhecem os problemas sobre os quais atuam (os policiais, individualmente, sabem muito; a polícia, como instituição, nada sabe); não cultivam o respeito e a confiança da população; cada vez mais só prendem em flagrante, porque pouco investigam; limitam-se a reagir depois que os crimes já ocorreram; cometem um número imenso de crimes, quando sua tarefa é evitá-los ou conduzir à Justiça os perpetradores.

Corrupção, tortura, chacinas, execuções sumárias, disputas internas, ineficiência, politização predatória: esse rosário interminável enche as páginas dos jornais. Claro que há casos e casos. Há polícias muito melhores que outras. Algumas têm evoluído; outras, involuído. No Rio, policiais negociam a céu aberto, diante das comunidades, o "arrego", isto é, o acerto com traficantes. Levam morro acima carregamentos de armas e drogas. Armas que matarão inclusive policiais inocentes.

Mesmo que os corruptos não sejam a maioria, a deterioração da imagem institucional é tremenda, o que afeta os profissionais honrados e gera um círculo vicioso. Esse processo atinge o conjunto das instituições públicas, corroendo sua credibilidade e abalando sua legitimidade, na medida em que o policial uniformizado na esquina é a face mais visível do Estado para boa parte da população.

Cada polícia brasileira tem seu modo próprio de formar seus policiais, nos tempos mais variados, com os currículos mais variados. Não há nem mesmo um ciclo básico nacional comum. Um agente de polícia pode formar-se em um mês, numa determinada instituição em certo estado da Federação, enquanto outro pode ter cursado dois anos para formar-se em outra região do país. Como poderia haver uma cultura profissional comum e uma linguagem técnica compartilhada? O máximo que se compartilha é um jargão impregnado de valores que contrariam a Constituição. Jargão cada vez mais parecido com o vocabulário pobre, agressivo e preconceituoso dos bandidos.

E os agentes penitenciários? Esses sequer têm a garantia de uma carreira e de uma escola de formação, em todos os estados.

Já pensou o que seria do país se cada escola de engenharia, direito, psicologia, economia ou medicina tivesse seu próprio currículo e decidisse quantos deveriam ser os meses ou os anos de estudo para que um profissional se formasse?

Pois é isso o que acontece na segurança pública. A palavra exata para descrever nossa situação nessa matéria é BABEL.

Cada uma das 56 polícias brasileiras (27 PMs estaduais, 27 Polícias Civis estaduais, a Polícia Federal e a Rodoviária Federal) tem seu próprio método de classificação das informações. De tal maneira que seria impossível cooperar, mesmo se houvesse essa vontade. Mas essa vontade dificilmente existe. Não há um sistema nacional que organize essas instituições. Elas são unidades isoladas, que disputam entre si e que raramente dialogam. Mesmo as polícias federais, que coabitam o Ministério da Justiça, jamais se falam.

E as Guardas Civis municipais? Ainda não são polícias (a lei proíbe), mas já não são meras zeladoras dos prédios públicos. Várias estão armadas, patrulham as ruas e são numerosas. Há os que defendem sua promoção ao status de polícia, esquecendo-se de que, sem um preparo cuidadoso, sem uma reestruturação organizacional específica, elas acabarão por reproduzir os vícios de nossas polícias, particularmente de nossas PMs. Aliás, com freqüência os prefeitos convidam oficiais da PM para dirigir suas Guardas Civis. Há, por outro lado, os que defendem seu retorno à função tradicional – vigilância do próprio municipal –, o que significaria remar contra a maré histórica (como se vivêssemos numa sociedade tranqüila, sem problemas de insegurança) e perder uma oportunidade rara de criar modelos inovadores de polícia.

O caminho mais razoável seria promovê-las a polícias, preparando-as de modo rigoroso para isso, a partir da definição de um novo modelo de polícia, no qual cada profissional fosse valorizado e muito bem treinado para atuar como gestor local da segurança, em interação com a comunidade, visando sobretudo a prevenção da violência e compreendendo a natureza eminentemente pública de sua função. Deveria dispor de rádios leves e eficientes, informações qualificadas disponíveis em tempo real, autonomia para assumir responsabilidades e mobilizar recursos de acordo com diagnósticos dos problemas enfrentados em cada área. A independência seria compensada por supervisão criteriosa e por avaliações sistemáticas, a partir de metas e critérios publicamente estabelecidos. A transparência e o controle externo seriam as condições da indispensável credibilidade.

Apesar de o mundo estar despencando sobre suas cabeças e o chão lhes estar fugindo sob os pés, boa parte das associações de policiais e agentes penitenciários só tem olhos e voz para reivindicações corporativas: mais salários e melhores condições de trabalho. Claro que isso é importante. Importantíssimo. Entretanto, como justificar mais investimentos se não há o menor sinal de que as categorias têm consciência do pântano em que estão afundando e se não têm propostas para reverter a situação, seja da criminalidade, seja do caos institucional? Hoje só se justifica investimento se houver um plano de reforma radical, em cujo contexto se demonstre que os salários serão parte do processo de recuperação e transformação. Contratar mais policiais, mais agentes, aumentar salários, sem um plano consistente e sustentável de mudanças, seria inútil.

Felizmente, nos últimos anos, têm surgido novas associações de profissionais de ambas as polícias com outra postura, procurando aliar reivindicações corporativas a propostas de reforma das instituições e das políticas de segurança. Começam a compreender que sua função é de interesse público e que a sociedade só os apoiará se ficarem claros os benefícios públicos de qualquer medida.

O sistema penitenciário, por sua vez, é o que se sabe: espaço de degradação, escola de crime e ressentimento, oficina do diabo, ambiente hostil a qualquer veleidade de aprimoramento humano. Os agentes penitenciários, via de regra, não têm planos de carreira e escolas de formação. Os Estados não cumprem a Lei de Execuções Penais, promulgada em 1984. Esse descumprimento está na raiz das rebeliões e de tantos desdobramentos dramáticos. Se cumprissem, as unidades penitenciárias seriam pequenas, administradas com rigor, não haveria superlotação, as condições de salubridade e higiene seriam respeitadas, os presos seriam separados de acordo com o tipo de crime que tivessem cometido, educação e trabalho seriam oferecidos e a situação legal dos apenados seria acompanhada, para que os tempos da sentença e da progressão de regime fossem atendidos. Em ambiente regido pela legalidade haveria disciplina e controle, a corrupção dos agentes seria mínima e os presos não organizariam o crime no exterior da penitenciária. Haveria menos motivos para indignação e menos meios para que a revolta se transformasse em ação criminosa.

III
Algumas sugestões práticas para a mudança

(1) **Humildade para conservar:** A sociedade está farta do egocentrismo dos políticos que fazem questão de impor sua grife personalizada a todas as ações de governo, sem o menor pudor, nem que tenham de destruir o que o antecessor começou a construir. O slogan demagógico costuma ser: "antes de mim, o caos; depois de mim, o dilúvio". Um futuro governador deveria dar o exemplo, invertendo o padrão e adotando uma postura positiva relativamente a tudo de bom que estiver em curso, sem prejuízo das correções de rumo porventura necessárias. Com esse espírito, seria preciso reconhecer que o projeto Delegacia Legal (reforma da Polícia Civil através da criação de novo modelo de gestão, novas rotinas e funções, novo padrão de atendimento ao público, com informatização, desburocratização e o desenvolvimento de novas formas de controle interno e de integração entre as unidades locais – das quais são removidas as carceragens) é o mais completo e audacioso esforço de renovação institucional da Polícia Civil, implicando avanços simultâneos e complementares nas linhas da modernização e da moralização. Avanços que apontam para a mais importante e abrangente finalidade de uma política de segurança democrática: a compatibilização entre eficiência e respeito aos direitos humanos. Claro que há problemas na condução desse projeto, mas eles se devem à resistência do núcleo gestor da Secretaria e não a deficiências do plano original. As novas rotinas, as novas funções, a informatização, a remoção das carceragens, a requalificação profissional, a abertura do diálogo interinstitucional e da interação sistemática com a comunidade são medidas que têm se revelado indispensáveis. Resta fortalecer o projeto, suprimir resistências e implantá-

lo com maior fidelidade às idéias originais. Outros projetos importantes que têm sido mantidos, desde 1999, apesar de várias dificuldades e da falta da merecida valorização, são o Centro de Referência Nazareth Cerqueira contra o Racismo e o Centro de Referência contra a Homofobia, no qual funciona, mesmo precariamente, o Disque-Defesa-Homossexual. Eles deveriam ser preservados e apoiados com toda a ênfase. Há também, é claro, os GPAEs (Grupamentos de Policiamento em Áreas Especiais), inspirados na experiência original que o tenente-coronel Antonio Carlos Carballo Blanco comandou, cujo êxito foi reconhecido por moradores das comunidades do Cantagalo e do Pavão-Pavãozinho, em Copacabana, e celebrado por observadores da mídia local, nacional e internacional (matérias importantes foram divulgadas, por exemplo, na BBC e na revista *The Economist*). Só o governo do estado, à época, parecia não lhe dar a atenção e o apoio devidos. O modelo GPAE, por sua relevância estratégica, merece um capítulo à parte.

(2) Retomar o fio da meada: Várias iniciativas relevantes do governo do Estado do Rio de Janeiro foram abortadas, depois da crise de março de 2000, quando fui exonerado. Algumas das mais importantes eram as seguintes: (a) Áreas Integradas de Segurança, que articulavam as duas polícias entre si, a partir de suas bases operacionais, obrigando-as a planejar e avaliar seu trabalho, e as aproximavam da sociedade local, através de conselhos comunitários de segurança; (b) a política de segurança especialmente elaborada para as mulheres, contra a violência doméstica; (c) o Centro de Referência de Defesa de Crianças e Adolescentes; (d) a expansão do policiamento comunitário; (e) o sistema integrado de segurança nos bairros, envolvendo porteiros e conexões telefônicas diretas com o batalhão da área; (f) o Circuito da Paz, destinado a ocupar espaços públicos de risco, nos dias e horários de concentração da violência, com atividades culturais e esportivas; (g) e o projeto de criação do Centro Unificado de Polícia Técnica, cuja meta era dotar a polícia da tecnologia e da *expertise* científica necessárias para que as investigações não se reduzissem aos interrogatórios. O Cuptec (ou Poltec, como passaria a ser chamado) colocaria em prática o princípio da descentralização com integração sistêmica, constituindo centros regionais e unidades móveis, estabelecendo convênios com as universidades e apostando na qualificação e na valorização dos peritos. Seria indispensável retomar esses projetos e complementá-los com o fortalecimento do Programa de Proteção à Testemunha e a concessão de plena autonomia, verdadeira autoridade e de recursos investigativos próprios à Ouvidoria. Finalmente, mas não menos importante, há a Campanha de Desarmamento. Na esfera governamental manteve-se a pirotecnia dos espetáculos públicos, antes do referendo, e arquivaram-se os planos de treinamento dos policiais no uso e, em especial, no não-uso da arma de fogo; de organização do banco de dados sobre armas apreendidas; de investigação do tráfico de armas e de seu irmão siamês: a lavagem de dinheiro. Valeria a pena retornar à substância do projeto, que criou um movimento nacional e alterou a percepção de gestores e formadores de opinião sobre as prioridades na área da segurança, demonstrando a centralidade do controle das armas que estão nas mãos dos criminosos.

(3) Ousadia para mudar: Depois de tanto falatório, a Secretaria de Segurança voltou ao rame-rame que derrotou vários governos e agravou a insegurança pública, ao longo das décadas. A PM, com exceção do GPAE, voltou a ser instrumento de manobras bélicas e reativas contra o varejo do tráfico nas favelas. Incursões eventuais, marcadas por confrontos, promovendo um banho de sangue: morrem policiais, morrem suspeitos e inocentes. Os suspeitos mortos, quando realmente comprometidos, são substituídos no dia seguinte, como elementos descartáveis, trocados por peças de reposição. A dinâmica criminal não sofre o menor abalo, apesar dos efeitos trágicos das intervenções. Quando a comunidade se rebela, o secretário, ao invés de dialogar e informar-se sobre as causas da revolta, acusa traficantes, entoando o mesmo refrão com que a ditadura acusava os "subversivos" e aprofundando o abismo que separa as polícias da sociedade. A problemática do atacado do tráfico e da lavagem de dinheiro continua negligenciada. Nesse contexto, a experiência do GPAE se destaca como uma fonte de inspiração e esperança: é possível reconstruir relações entre os pólos sociais antagônicos do estado, pacificando as áreas mais vulneráveis à violência letal. Para mudar o quadro, é urgente reativar a unidade interinstitucional de investigação de lavagem de dinheiro e retirar o GPAE do isolamento, tratando-o como a grande referência de combate policial à criminalidade nas áreas mais expostas ao risco. Fazê-lo implica criar uma oficina de multiplicação de operadores que se responsabilize pela disseminação do modelo e a qualificação dos profissionais. As universidades podem ser parceiras desse esforço concentrado de formação. Seria preciso avaliar as condições, na PM, para a difusão do GPAE. De acordo com esse diagnóstico, o número e as características das comunidades beneficiárias seriam definidos, assim como as etapas para a implantação das novas unidades e seu cronograma.

(4) O novo sujeito da gestão pública: Ao invés das velhas práticas e de uma política estritamente policial, conduzida isoladamente pela Secretaria de Segurança, um comando unificado para a coordenação-geral de uma política integrada de combate à violência. Explique-se: a simplificação esgotou-se e consumiu a paciência da sociedade. Violência e criminalidade são problemáticas complexas demais, graves demais para serem tratadas apenas como casos de polícia – ainda que o papel das polícias seja, evidentemente, de grande importância. Vastos territórios do estado do Rio de Janeiro permanecem subtraídos à esfera de vigência do Estado Democrático de Direito, submetidos à dupla tirania do tráfico armado e de segmentos corruptos das polícias. Para os setores da população vítimas desse processo, a transição democrática não se cumpriu. Essas comunidades pobres, "excluídas" da cidadania, desconhecem os direitos civis e humanos, as liberdades fundamentais: ir e vir, expressar-se, organizar-se. Essas situações locais têm conseqüências que ultrapassam os limites geográficos das periferias e favelas, projetando seus efeitos sobre toda a região metropolitana e impulsionando a criminalidade para além de patamares toleráveis.

A violência começa em casa, atingindo mulheres e crianças; desdobra-se na maternidade precoce e na paternidade demissionária. Famílias traumatizadas pelo desemprego e as dificuldades econômicas crônicas; pais que se perdem no alcoolismo, desorientados pela insegurança que se generaliza em todas as esferas de sua vida; crianças privadas do afeto, porque seus pais foram privados do amor-próprio; adolescentes que não encontram na escola acolhimento mas rejeição, que não se encantam com o universo do conhecimento – ao contrário, sentem-se hostilizados no ambiente da educação formal; professores desvalorizados, profissionalmente, desmotivados, esforçando-se heroicamente em condições precárias. A violência avança sobre as escolas, invadidas pelo medo. Transborda para as ruas, esses labirintos desenhados pelo crescimento urbano desordenado, onde a sociabilidade pacífica e construtiva da vizinhança é degradada pela segmentação das gangues. Culmina no recrutamento dos jovens do sexo masculino pelo tráfico de armas e drogas, que lhes oferece vantagens materiais e benefícios simbólicos e afetivos. Alimenta-se da idealização da violência que a mídia propaga e muitas meninas reproduzem, acriticamente, reprocessando a versão requintada do velho machismo, em cujo âmbito se associavam masculinidade e agressividade. A drogadição é o combustível que, com freqüência, empurra tantos para a posição em que se tornam vulneráveis ao apelo do crime. Lamentavelmente, a política de drogas não é discutida com seriedade e coragem, não é questionada, e a descriminalização, pelo menos das drogas leves, assim como políticas de redução de danos, não são estimuladas. Enquanto isso, o álcool permanece legal, tanto quanto a nicotina, apesar de seus efeitos devastadores – e ainda bem que permanecem legais, ou nós teríamos, além de problemas graves de saúde pública, mais fermento para a violência, pela mediação de novas modalidades de tráfico ou comércio ilegal. Diga-se ainda: enquanto isso, as "maquininhas de azar", ilegais, continuam sendo toleradas e controladas por agentes da segurança pública, à vista de todos.

Impossível enfrentar com polícia esse novelo dramático – famílias e jovens em crise, escolas problemáticas, drogadição e comércio ilegal de drogas e armas, desdobrando-se em outras modalidades de crime. Trata-se de um círculo vicioso, cujo desfecho e origem confundem-se com o desemprego, a falta de perspectivas, de projetos individuais de futuro e de esperança. Portanto, a insegurança, compreendida em sua complexidade, requer instrumentos governamentais e de gestão de novo tipo e protagonistas políticos originais. Instrumentos multissetoriais, interdisciplinares, capazes de lidar com a pluridimensionalidade da violência. Enquanto o governo não obtiver da Assembléia Legislativa autorização para promover uma reforma que redefina toda a estrutura do Estado, credenciando-o a elaborar e aplicar políticas públicas de novo tipo, terá de trabalhar com as secretarias existentes. Mas nada impede, enquanto viger a atual estrutura, que o governo constitua um grupo executivo ou um comando unificado ou um Gabinete de Gestão Integrada para a coordenação-geral de uma política articulada de redução da violência e de controle da criminalidade, composto pelos secretários ou secretárias de Segurança, Educação, Saúde, Cultura, Trabalho, Justiça, Administração Penitenciária e Direitos Humanos, Esporte e Lazer, Ação Social, Meio Ambiente e Habitação. Além das políticas específicas, voltadas para o aprimoramento das funções estritamente policiais e que seriam implementadas pela Secretaria de Segurança, o que se sugere é que o governo, através da criação desse comando unificado, dessa agência de coordenação e implementação, invista na definição e implantação de todo um conjunto de iniciativas sociais de base local, apoiadas na observação detalhada de cada contexto e no diálogo intensivo e participativo com a comunidade. Essas iniciativas visariam neutralizar as fontes mais imediatas das dinâmicas geradoras de violência e criminalidade.

Elaborando diagnósticos locais, dos quais participariam as comunidades – daí a expressão diagnóstico interativo ou participativo –, seria possível saber quais são os principais problemas daquela favela, daquele bairro, daquela região: quantas crianças e adolescentes estão fora da escola? Quais? Por quê? Como providenciar sua matrícula e garantir sua freqüência? Há carência de creches? Quantas famílias vivem o drama do desemprego e quais suas habilitações profissionais? Quantos adultos precisariam de capacitação? Falta lazer? Área de esporte? Oportunidades culturais? Qual a produção cultural da comunidade? Como promover os grupos de samba, hip-hop, etc.? Há oferta ociosa de serviços? Quem sabe, nos bairros próximos, há demanda reprimida por serviços, mas faltam comunicação e credenciamento, para que os contratantes confiem nos contratados? Há exploração sexual infantil? Casos de drogadição? Alcoolismo? Estresse? Depressão? Traumas decorrentes da violência? Violência doméstica? Maternidade precoce? AIDS? Como se comportam os policiais? A polícia está presente? Que modalidade de policiamento seria mais adequada? Como aproximar a população das polícias? Faltam informações sobre saúde reprodutiva? Há redes locais de apoio para o enfrentamento adequado de todos esses problemas? Que recursos seriam necessários para implantar redes mínimas de atendimento, em cada caso? Como planejar de modo adequado e emergencial? Como estabelecer parcerias com instituições federais, com organismos internacionais, com a iniciativa privada, com o terceiro setor, com grupos de voluntários? Em cada comunidade, diante da especificidade de cada desafio concreto, o que cada secretaria de governo poderia fazer e teria a obrigação de fazer para minimizar sofrimentos e alterar as condições sociais, as percepções públicas e as expectativas, contribuindo, paralelamente, para mobilizar a sociedade, sem tutela e cooptação clientelista?

Soluções locais são sempre possíveis, se houver compromisso e criatividade. Essas intervenções tópicas caminhariam lado a lado de políticas universalistas, cujo recorte seria menos indutivo e se encarregaria de determinar as condições gerais de racionalidade dos investimentos locais. Mesmo relativamente impotente para transformações estruturais e intervenções de fundo na esfera econômica, um governo estadual pode adotar uma perspectiva holística, sistêmica e integrada, sensível à complexidade multidimensional da violência, da criminalidade e de seus condicionamentos mais imediatos, credenciando-se a aplicar uma abordagem preventiva, dispondo-se a disputar menino a menino com o tráfico e as fontes do crime. Uma política de segurança deveria assumir essa abrangência, mobilizar recursos de todo o governo, convocar a participação da sociedade e ser gerida por um núcleo operacional mais amplo e poderoso que uma única secretaria. Deveria constituir compromisso de todo o governo.

(5) A nova aliança: não há política de segurança conseqüente sem participação, transparência, credibilidade e relações positivas entre as instituições policiais e a sociedade. Além disso, uma política consistente precisa moldar-se às especificidades variáveis das circunstâncias sociais e só pode ser eficaz se enfrentar a insegurança pública como uma problemática multidimensional, que supera, portanto, o âmbito exclusivo da criminalidade. Por isso, o comando unificado sugerido no item anterior, que reuniria várias secretarias de Estado, depois de selecionadas as áreas de intervenção, a partir da análise da gravidade dos problemas (sabemos que há uma alta dose de concentração socioespacial no que diz respeito às formas mais graves da violência. Por exemplo, quase 50% dos homicídios dolosos ocorrem nas jurisdições de cerca de 10% das delegacias distritais), deveria mergulhar na vida de cada uma das comunidades-alvo, aplicando a metodologia de mapeamento interativo e participativo dos problemas e das prioridades. Esse diálogo com as sociedades locais focalizadas criaria as condições, em muito pouco tempo, para a negociação democrática de contratos locais de cogestão do programa de segurança, entendido em seu sentido mais abrangente. Cogestão, nesse caso, não significaria renúncia populista do Estado a assumir suas responsabilidades. As atribuições deliberativas e executivas são intransferíveis. Seriam compartilhados o diagnóstico, a seleção das prioridades, a identificação das metas e o processo de avaliação dos projetos implementados. Cada experiência seria um piloto, cujo efeito demonstração apontaria caminhos e despertaria a convicção de que é possível mudar, desde que se empregue a metodologia apropriada e que haja articulação suficiente entre as secretarias mobilizadas. Os parceiros naturais do Estado, além das comunidades locais, são as prefeituras.

(6) Um foco importante é a juventude pobre: mais cidadania, menos armas. O que vem acontecendo no Rio é um verdadeiro genocídio autofágico, em que jovens pobres, freqüentemente negros, são mortos por jovens pobres, sem perspectiva, educação, lazer, trabalho, esperança, imersos no cinismo que se alimenta da impunidade com que são retribuídos sobretudo os crimes cometidos pelas elites. A fonte principal de recrutamento para o mundo do crime é o tráfico de armas e drogas. A abordagem multissetorial da problemática, operada pelo comando unificado para a coordenação-geral de uma política integrada, e os contratos locais de cogestão representam um tratamento original, provavelmente capaz de concentrar energias com racionalidade e eficiência.

(7) As redes locais ou como funciona a integração das políticas públicas de prevenção à violência, na ponta e na prática?

Primeiro exemplo

As professoras conhecem bem a história: um dia, o menino está estranho, sonolento, irritado, agressivo, não fez o dever de casa e chegou atrasado. O que parecia ser apenas um dia ruim começa a repetir-se e a se agravar. A professora leva o caso à direção da escola e ao conselho. A diretora convoca os pais do menino, que não aparecem. O pai abandonou a mãe, depois de longo período de desemprego, embriaguez e violência doméstica. A mãe tem de deixar os filhos sozinhos em casa, para trabalhar. Não pode sequer ir à escola e arriscar-se a perder o emprego. A diretora não sabe o que fazer e a mãe evita a escola, temendo ser admoestada, porque, afinal, já está sofrendo bastante pela culpa que sente, mesmo sabendo que não poderia fazer muito mais do que faz.

Não adianta responsabilizá-la. Ela precisa de ajuda. A escola não tem condições de substituir os pais e resolver o problema. Nesse jogo de empurra, o menino acaba se perdendo. Um dia não aparece na escola, definitivamente. Não voltará mais. A professora já desconfiava que isso viria a acontecer, mais cedo ou mais tarde. A diretora temia o pior. Afinal, não seria a primeira vez.

O que fazer? O que poderiam estado e prefeitura fazer? Qual a responsabilidade dos executivos estadual e municipal no desfecho triste dessa história, que se repete diariamente no Rio de Janeiro? Não estaria aí o ponto-chave do nó que precisa ser desatado, se desejamos prevenir a violência?

Esse é o ponto nevrálgico e não só o estado, também a prefeitura tem responsabilidade por omissão e imprevidência. Há, sim, o que fazer. Se a escola atuar em comum acordo com os operadores locais da saúde, que visitam as residências e são constantemente procurados pelos membros da comunidade, se ambos mantiverem relações estreitas com o Conselho Tutelar, será possível agir imediatamente na primeira manifestação do primeiro sintoma. Mas isso exige a organização de uma rede local, que não pode prescindir da participação comunitária.

Alternativas têm de estar prontas, à espera dos estudantes que mais necessitam: oficinas de música e esporte, teatro e vídeo, artes marciais e grafitagem, etc. Oficinas que têm de seduzir, encantar e elevar a auto-estima dos meninos mais vulneráveis, sem que se constituam turmas estigmatizantes, que só contribuiriam para piorar o quadro geral. As turmas não podem ser constituídas exclusivamente por estudantes ou ex-estudantes problemáticos. Tem de haver saudável mistura, para que se evitem os estigmas. Mas não se pode deixar de incluir nas turmas os que mais precisam de atenção especial e das atividades complementares – que devem focalizar também aspectos cognitivos.

Esse esforço detalhista, minucioso, paciente, persistente requer tempo, dedicação, treinamento especial e programação competente, organizada em conformidade com o diagnóstico produzido pela rede local de prevenção da violência – isto é, pelos gestores locais da política estadual e municipal de garantia de direitos e segurança cidadã. Será igualmente fundamental o diálogo com a Guarda Civil municipal e com as polícias, para que a intersetorialidade seja aplicada na prática. Mas para que haja tal diálogo será indispensável que os profissionais da educação, da saúde, da Guarda Civil e da polícia sejam adequadamente qualificados para o trabalho comunitário preventivo. Nesse contexto, a colaboração da sociedade civil, via consórcio, poderá ser decisiva. A articulação com a Justiça também é decisiva.

A mesma rede será fundamental para a redução e a prevenção da violência doméstica e para a provisão de auxílio apropriado às mulheres e crianças vítimas de agressões.

Segundo exemplo

Uma história típica dos meninos que, hoje, cumprem medida socioeducativa em regime semi-aberto envolve, no enredo de seus dramas individuais, ingredientes que são comuns: da dependência química a problemas familiares. Uma história-síntese assim se relataria: o adolescente acumula dívidas com o tráfico de drogas. Vive nas ruas, porque fugiu da violência doméstica. A mãe é alcoólatra e o pai desapareceu. Abandonou a escola. Furta e rouba no centro da cidade para saldar sua dívida.

Em seu bairro de origem falta saneamento básico e sobra desemprego. Tampouco há lazer acessível ou esporte organizado, em espaços adequados. Pelo contrário, as áreas públicas estão deterioradas, escuras e sujas, repelindo uma ocupação saudável. Os jovens desocupados encontram-se no bar, que é foco de distribuição de drogas. O bar está irregular, do ponto de vista do código de posturas municipais, mas não há fiscalização rigorosa.

O posto de saúde local atende alguns membros da família, mas não acompanha a trajetória do grupo nem se comunica com a escola ou com o Conselho Tutelar, que é ausente. Não há, na área, uma Casa-Dia, que abrigue, acolha, oriente e ocupe o jovem, monitorando sua rede de relações e se conectando com as demais instituições. Faltam espaço institucional que proteja vítimas da violência doméstica, uma unidade especializada em terapias contra a dependência química e uma rede que reúna organizações estaduais, municipais e comunitárias, dedicada à prevenção, seja da violência doméstica seja do possível envolvimento dos jovens com o crime.

Observa-se que há muito a fazer e que é possível reverter as condições que propiciam a violência, mesmo com poucos recursos, desde que haja integração sistêmica entre as iniciativas e que elas sejam presididas por um programa comum, assentado em um diagnóstico consistente. Um programa eficiente exigirá, para implantar-se, a criação de uma rede intersetorial, envolvendo vários órgãos do estado, da prefeitura e da sociedade civil. Eis o funcionamento local do consórcio, entendido como método de gestão. Será preciso iluminar e sanear alguns terrenos, fiscalizar e regularizar bares, eventualmente controlando seu horário de funcionamento ou a venda de bebida alcoólica, colocar em contato a escola e o posto de saúde, mobilizar o Conselho Tutelar, instalar Casa-Dia, aplicar um projeto de proteção às vítimas da violência doméstica, acompanhado de um plano de prevenção específico, e implementar medidas especialmente devotadas ao cuidado terapêutico da dependência química – lembremo-nos de que, no caso em pauta, mãe e filho padecem do problema.

As áreas físicas recuperadas devem proporcionar à rede interinstitucional a introdução de programas de esporte e lazer. O foco deve ser integral, estendendo-se das perspectivas de emprego e renda, complementação educacional, às manifestações culturais que estimulem a criatividade e a valorização da auto-estima.

Quanto à aplicação de medidas socioeducativas, a prefeitura pode responsabilizar-se pelo acompanhamento de sua execução, recorrendo, inclusive, à Guarda Civil municipal para fazê-lo.

Terceiro exemplo

Jovem de 20 anos, depois de dois anos no sistema penitenciário, retorna ao bairro, em livramento condicional. Seu irmão mais novo inicia vida no tráfico e sua mãe apresenta sintomas de sofrimento psíquico, exigindo urgentes cuidados na área da saúde mental. Seu tio é paraplégico e o avô recebe benefício do INSS. O jovem que retorna é abordado pelos antigos cúmplices, que o convidam a voltar para o tráfico. As portas para o emprego estão fechadas, seja porque são raras as oportunidades para todos os jovens, seja porque nosso personagem não concluiu seus estudos fundamentais, seja porque carrega o pesado estigma de ex-presidário. Vê-se que a reincidência tem muitas chances de efetivar-se. Seria pereciso, nesse momento, competir com o tráfico e disputar esse jovem, com seu irmão, mobilizando recursos públicos e privados, via consórcio, para que se aplicasse um programa capaz de agir nas esferas mais relevantes para esse caso: atendimento de saúde, complementação educacional, geração de oportunidade de emprego e valorização da auto-estima, paralela à neutralização do estigma – o que exige a atuação firme do poder público, como fiador da confiabilidade desses jovens, cujo futuro está em jogo, nesse ponto particularmente decisivo de suas trajetórias biográficas.

Quarto exemplo

Um grupo de voluntários, ligado a determinada igreja, vê-se obrigado, por determinação do juiz que preside uma das Varas da Infância e da Juventude, a reconduzir um adolescente à sua família, depois de um ano, durante o qual ele foi retirado das ruas, tratado e educado para a vida coletiva. Na visita que faz à família, um dos voluntários constata que a casa está longe de oferecer as condições mínimas de salubridade. Só há uma cama para a mãe e os três irmãos. Faltam instalações sanitárias. O avô foi expulso pela mãe do adolescente porque apresentava problemas mentais que dificultavam seu convívio com a família. Tendo sido enviado para casa pela instituição psiquiátrica e não encontrando abrigo, passa a viver na rua, mendigando.

O que fazer? Cumprir, simplesmente, a ordem judicial e devolver o adolescente à fonte de seus problemas, para que ele regrida ao estágio anterior? Que alternativa, entretanto, poderia ser submetida à consideração do próprio juiz? Como fazer com que o poder público cumpra suas responsabilidades? Esse é um problema da escola local? Da saúde local? Da política habitacional e de saneamento? É relevante para a prevenção da violência? Já é, em si mesma, manifestação de violência?

Vê-se, mais uma vez, que soluções só existem quando concebidas e aplicadas de forma sistêmica e integrada, a partir da constituição de redes que envolvam diferentes instituições públicas e, sempre que viável, agentes da sociedade civil. Daí a importância estratégica do modelo consorcial de gestão. Daí também a importância da criação de um Gabinete de Gestão Integrada, capaz de articular as políticas, garantindo, na ponta, a intersetorialidade de sua execução.

(8) A rede de proteção das mulheres: A violência doméstica não é menos grave do que a criminalidade, em geral, pelo contrário, mesmo sendo menos visível, o que expressa a natureza especialmente complexa dos problemas envolvidos. A violência contra as mulheres e contra as crianças exige uma intervenção multidimensional do poder público, apoiado em parcerias com entidades da sociedade civil, particularmente com associações comunitárias.

A violência contra a mulher, em cerca de 70% dos casos – segundo as pesquisas nacionais disponíveis –, é perpetrada por conhecidos, parentes, namorados, maridos e ex-maridos. Essa paradoxal e chocante correlação entre violência e intimidade constitui uma realidade internacional e configura um quadro particularmente desafiador para a autoridade pública, na medida em que tende a proteger o agressor sob o véu do silêncio e os muros da privacidade doméstica. É preciso cautela para evitar dois extremos: o desrespeito à privacidade e a omissão cúmplice. Os direitos humanos e civis não se esgotam na porta de casa. Outra característica fundamental dessa problemática é o fenômeno que os especialistas denominam "ciclo da violência doméstica": dada a superposição entre relações de afeto, dependência econômica e agressão, não é fácil para as mulheres a decisão de denunciar o agressor e de levar adiante os inquéritos. A hesitação, os avanços e recuos, as oscilações de perspectivas e intenções, todo esse movimento é natural, compreensível, plenamente justificável e, portanto, constitutivo de um padrão que deveria moldar as expectativas dos profissionais da polícia e do Judiciário, tornando-os solidários e sensíveis às características intrínsecas à lógica do ciclo, em vez de surpreendê-los, irritá-los e provocar neles reações negativas que culpabilizam as vítimas.

Uma política consistente contra a violência doméstica e de gênero deve contemplar, entre outras, as seguintes iniciativas:

(a) criação ou ampliação de abrigos municipais para vítimas da violência;

(b) criação de rede de proteção às mulheres, envolvendo profissionais de saúde, educação, assistência social, associações comunitárias;

(c) qualificação dos servidores que lidam com as vítimas, inclusive guardas municipais, policiais civis – sobretudo os que trabalham nas Delegacias da Mulher – e policiais militares;

(d) criação de serviço de atendimento telefônico 24 horas, treinado para ouvir e orientar as mulheres;

(e) convênio com juizados especiais e ONGs para estimular aplicação de penas alternativas aos agressores e avaliar os resultados, sob a forma de serviços comunitários em entidades ligadas à questão, evitando o paradoxo das penas que determinam o pagamento de cestas básicas, onerando a unidade doméstica e, portanto, as próprias vítimas;

(f) criação de núcleos de tratamento dos agressores, cuja freqüência deveria ser indicada pelos juízes envolvidos no projeto.

A problemática da violência contra crianças demanda projetos específicos, que exigem capacitação de professores e profissionais da saúde, envolvimento das escolas e das comunidades, campanhas culturais, serviços de denúncia articulados às forças policiais, mediante convênios, e à Guarda Civil municipal.

(9) Se desejamos preparar as polícias para compreender e cumprir sua missão constitucional – que é defender os cidadãos, fazendo cumprir e cumprindo as leis –, não podemos negligenciar o mais desafiador: educá-las para escapar das armadilhas da homofobia, da misoginia – isto é, o preconceito contra homossexuais e mulheres – e do racismo. Das três, a mais capciosa e insinuante é a homofobia, porque mais comodamente integrada ao senso comum ilustrado e, portanto, mais fundamente enraizada nas consciências e visões de mundo dominantes na sociedade brasileira.

Um programa sério e rigoroso de requalificação policial deveria iniciar-se com a preparação dos profissionais da segurança pública para enfrentar com dignidade e correção a violência homofóbica, recusando qualquer cumplicidade com suas manifestações, mesmo as mais aparentemente inócuas. Claro que não estou sugerindo que isso basta para capacitar um policial ou para mudar a qualidade da segurança pública. A reforma das polícias é um empreendimento muito complexo, que envolve intervenções simultâneas em múltiplas esferas, alterando mecanismos institucionais, transformando o modelo de gerenciamento, mudando as rotinas, modernizando a tecnologia empregada, introduzindo a cultura do planejamento e da avaliação, moralizando e propiciando a participação comunitária. Mas o enfrentamento da homofobia deveria ocupar um lugar central em qualquer esforço sério e radical de mudar as polícias.

Para que essa tese não soe delirante, idealista, inviável e descolada da realidade, vale mencionar que foi exatamente esse o caminho que adotamos no Rio de Janeiro, durante o período em que estive no governo: criamos os Centros de Referência contra a Homofobia e contra o Racismo – organizados e liderados por Silvia Ramos. Essas iniciativas prosperaram e propiciaram a criação de serviços de atendimento telefônico especializados, o DDH (Disque Defesa Homossexual) – em parceria com a equipe do deputado Carlos Minc e várias entidades representativas da comunidade gay, além de um programa ambicioso de requalificação profissional dos policiais, do qual participavam gratuitamente as entidades da sociedade civil dedicadas a esses temas – o professor e militante Cláudio Nascimento cumpriu um papel fundamental em todo esse processo.

Os Centros de Referência produziram agendas de trabalho comuns às polícias e às entidades, pautando os problemas de acordo com uma hierarquia consensual de prioridades. Definidas as questões e as políticas tópicas, elegiam-se representantes para acompanhar sua execução e avaliar os resultados, sugerindo correções de rotas, métodos e metas. As aulas, os seminários, as reuniões tornaram-se fatores de integração em si mesmos significativos. Aos poucos, mitos e preconceitos, de parte a parte, começaram a ceder, abrindo espaço para o diálogo construtivo, a restauração da credibilidade das instituições policiais, a revalorização da auto-estima dos profissionais de polícia – também eles freqüentemente hostilizados e alvos de todo tipo de estigmatização –, no contexto da melhoria dos serviços prestados, sobretudo para as populações em causa, mas não exclusivamente. Claro que a escala era ainda diminuta, mas o interesse, para a reforma das polícias, do processo desencadeado era visível para todos os que acompanharam a experiência.

É preciso retomar a experiência e desdobrá-la.

(10) Outro foco fundamental é o crime inscrito no Estado (o chamado crime organizado), ou melhor, o crime do Estado. O Estado é criminoso quando descumpre a lei e o faz quando não aplica a LEP (Lei de Execuções Penais), quando desrespeita o ECA (Estatuto da Criança e do Adolescente), quando não assume as responsabilidades de controlar a corrupção, a tortura e as execuções perpetradas pelos agentes da lei, quando não promove as reformas organizacionais indispensáveis para que as polícias se tornem entidades racionais, passíveis de gestão e capazes de cumprir seu mandato constitucional.

(11) Outros focos decisivos são a lavagem de dinheiro e as operações que promovem, no atacado, o tráfico de armas e drogas, sem as quais não existiriam as mortes no varejo do tráfico, nas favelas, que atingem principalmente os jovens pobres e negros.

(12) Os policiais: Os profissionais da segurança pública merecem valorização e acompanhamento crítico sistemático e rigoroso. É preciso ampliar as oportunidades de sua qualificação e de reforço de sua auto-estima. O maior obstáculo à corrupção é o orgulho profissional. Exemplos do que se pode fazer, nessa direção, é a mudança do regimento disciplinar da PM, que é obsoleto, draconiano e míope, isto é, severíssimo com falhas administrativas e leniente com crimes cometidos fora dos batalhões. Os oficiais evitam abrir esse debate porque temem perder de vez o controle. É preciso compreender que os policiais de mais baixa patente sentem-se desrespeitados como cidadãos e trabalhadores pelo regimento em vigor. Regimento que, todavia, não tem sido eficaz na redução da brutalidade e da corrupção. Respeito e bom senso não fazem mal a ninguém. Além disso, temos de rediscutir o número excessivo de patentes. No Rio Grande do Sul há sete; no Rio de Janeiro, 13. Paralelamente, devemos questionar a separação radical e intransponível entre as praças e os oficiais na PM fluminense. Formam quase duas instituições incomunicáveis. Sua mobilidade ascendente está interditada, ainda que ele ou ela estude e demonstre, na prática, qualidades excepcionais. Por outro lado, na Polícia Civil falta um código disciplinar minimamente rigoroso para organizar a instituição. Na Polícia Civil, jovens advogados, recém-formados, podem sair-se bem nas provas e cair de pára-quedas na posição de delegados de polícia, conhecendo muito pouco de segurança pública e de administração ou gestão policial. Mesmo preservando-se essa via de ingresso para arejar a instituição, é indispensável estimular o ingresso dos agentes da Polícia Civil ao nível superior da carreira, isto é, à posição de delegados, evidentemente através de concursos públicos. O pleito dos policiais civis pela indicação de seu chefe por eleição interna, realizada pela própria corporação, para que a governadora ou o governador escolha entre três indicados, seria uma boa forma de blindar a instituição contra manipulações políticas externas, mas só poderia aplicar-se quando a corporação estivesse minimamente estruturada, do ponto de vista de sua organização interna e de suas condições de gestão racional. A atual situação caótica – em que a Polícia Civil não sabe nem as taxas de esclarecimento de crimes que tem alcançado, o que torna impraticável a identificação de erros e qualquer planejamento – não permite à autoridade máxima do executivo estadual a renúncia à sua autoridade, já que, por definição, corporações não se autoreformam e a reforma profunda é um imperativo. Com eleições internas, inevitáveis compromissos corporativos das chefias – indispensáveis às suas eleições – vetariam quaisquer iniciativas de verdadeira e profunda mudança. Estaríamos condenados a aceitar a atual situação; no máximo contaríamos com ajustes à margem. A lista tríplice poderá ter lugar quando a instituição tiver se adaptado às exigências mínimas de uma gestão racional, com funções, rotinas e ferramentas institucionais adequadas. Ou seja, quando tiver alcançado uma produtividade minimamente aceitável.

O ingresso de mulheres nas corporações policiais deveria ser estimulado, porque, conforme demonstram as pesquisas, elas implicam, como tendência geral, qualificação dos serviços.

Ambas as corporações carecem de projetos de acompanhamento psicológico, indispensáveis a um ofício tão arriscado e estressante. A corregedoria unificada precisa de independência e agilidade. O Instituto de Segurança Pública precisa ser retomado, ainda que seu formato tenha sido questionado pela Justiça. Afinal, aquelas podem se realizar sob novos formatos. O importante é apostar na integração entre as corporações policiais, na re-seleção dos profissionais da segurança pública e em sua valorização.

(13) Superar a crise de gestão nas polícias é o maior desafio, que exige mais do que competência. Requer novas ferramentas institucionais, novos mecanismos de tomada de decisão, novas rotinas e funções, outra formação e atenção diferenciada à capacitação e ao treinamento. Em outras palavras, a impossibilidade de uma gestão racional, em decorrência de impedimentos inscritos nas estruturas organizacionais das polícias, nos conduz à conclusão drástica de que temos de substituí-las por outras, organizadas segundo outros modelos. Essa transformação teria de se dar ao longo de um processo bem planejado de transição e deveria garantir os direitos trabalhistas dos profissionais, para que eles não paguem pelas limitações das estruturas organizacionais que desejamos mudar, das quais, na verdade, são as primeiras vítimas. É indispensável entender as razões pelas quais essa questão é central, ou não se compreenderá o sentido da proposta radical.

A impossibilidade da gestão racional, em decorrência da carência dos instrumentos e das condições indispensáveis, constitui a debilidade mais grave, mais dramática das polícias brasileiras, sem cuja solução as medidas importantes não poderão ser adotadas. Poderão até ser decididas, mas dificilmente encontrarão os meios de sua implementação, por motivos óbvios. Assim, o nó da reforma das polícias situa-se neste ponto estratégico: a gestão e o conjunto dos mecanismos sem cuja existência ela se inviabiliza. Os mecanismos em causa são aqueles que tornam possíveis os seguintes procedimentos e qualificam os seguintes momentos do trabalho policial: dados-diagnósticos-planejamento-avaliação-monitoramento, os quais dependem de formação/capacitação, rotinas, funções e estrutura organizacional compatíveis, além de cultura corporativa e práticas destinadas à construção da confiabilidade e da transparência (aquilo que na linguagem técnica se consagrou como *accountability)*, o que envolve participação da sociedade, controle externo, resultados concretos, respeito aos direitos humanos e à legalidade, elementos que, por sua vez, exigem adoção de estratégias de trabalho policial de tipo comunitário e/ou orientadas para a solução de problemas. Compreende-se que a introdução de todos esses elementos e procedimentos, que se referem a dimensões distintas mas complementares das instituições policiais, requer alterações diversas, inclusive constitucionais.

A precariedade é tão séria que sequer há dados fiéis sobre o desempenho policial – quando se solicita a um profissional da segurança pública, mesmo a um oficial superior, a avaliação da performance de sua corporação, quase invariavelmente a resposta que se obterá confunde avaliação com relatório de atividades e lista de operações. Ao invés de observar a quantidade e a qualidade dos crimes, se diminuíram ou aumentaram, etc., o profissional certamente se desviará e se perderá na exposição de números referentes a prisões e apreensões de drogas e armas, como se a criminalidade e a insegurança não importassem; como se bastassem as ações policiais; como se elas fossem um fim em si. Entretanto, na verdade, a lista de operações apenas demonstra que as corporações se esforçaram e nada diz a propósito da eficiência, eficácia e efetividade do que se fez. A avaliação – momento absolutamente decisivo e indispensável para a calibragem e a correção das políticas públicas – sequer consta como item relevante da cultura profissional das polícias brasileiras, estaduais e federais. Sabe-se como é difícil definir uma metodologia adequada para avaliar o desempenho policial. Não se trata de matéria sobre a qual haja consenso internacional consolidado; mas é indispensável avançar nesse terreno e é inconcebível a generalizada negligência à avaliação.

A ausência de dados críveis e rigorosos sobre desempenho policial é apenas a ponta do iceberg. O problema é bem mais profundo e grave: tampouco há dados consistentes sobre as dinâmicas criminais, ou pessoal qualificado para interpretá-los (coletá-los, organizá-los, processá-los, distribuí-los), ou rotinas adequadas que valorizem sua interpretação e a produção de diagnósticos para fins práticos – isto é, não há gestão do conhecimento. Não havendo dados, qualificação profissional, rotinas e estruturas organizacionais, tampouco há processos decisórios que os levem sistematicamente em conta para o planejamento operacional adequado e compatível com as exigências dos desafios lançados ao poder público pelo crescimento da criminalidade.

Não é exagero dizer que o planejamento é sempre tópico e reativo, por isso espasmódico, e convive com ou se rende à inércia institucional, em que se reproduzem práticas como hábitos atávicos. Não há horizontes de tempo elásticos nem exame das dinâmicas criminais que municie antecipações racionalmente instruídas – sabemos que a criminalidade é um dos mais regulares fenômenos sociais, favorecendo, conseqüentemente, a previsão e a ação preventiva. Há, por exemplo, nos homicídios dolosos (dependendo de seu tipo), forte concentração espacial e temporal – mas esta característica raramente é explorada, em benefício das polícias, através de intervenções preventivas, as quais requerem proatividade.

Ocorre que sem planejamento (sem dados e diagnóstico, rotinas, estruturas organizacionais apropriadas e pessoal preparado) não há estipulação de metas, sem as quais tampouco pode haver avaliação, o que, por sua vez, impede o monitoramento corretivo de todo o processo de trabalho da corporação. O mais grave não é o erro: somos humanos, estamos fadados ao erro. O verdadeiramente grave é não nos credenciarmos a identificá-lo, porque, se não o reconhecermos, correremos o risco de nos condenarmos a repeti-lo. Em vez de sistema racional, capaz de aprender com os erros, evoluir, amadurecer, acumular memória histórica, as instituições policiais brasileiras, em função de sua organização irracional – não da incompetência de seus membros, pois não é disto que se trata, ainda que haja evidentemente problemas de formação e capacitação a superar –, tropeçam no voluntarismo espasmódico, na reatividade ou na simples inércia conservadora e absolutamente insensível para as demandas de nosso tempo e as mudanças em curso no mundo social contemporâneo e no universo da criminalidade.

Nas instituições policiais não há gestão, porque não há as condições mínimas para que uma gestão racional opere: não há formação de pessoal adequada às missões profissionais, especialmente não há educação corporativa compatível com as exigências da gestão do conhecimento, às quais as rotinas, estruturas organizacionais e processos decisórios também são indiferentes, quando não refratários ou mesmo hostis.

Em outras palavras, não há dados confiáveis, diagnósticos rigorosos, planejamento consistente, avaliações sistemáticas, monitoramento corretivo regular. Não havendo gestão – ou suas pré-condições –, não é possível aplicar uma política de segurança. Antes, portanto, de examinar as qualidades das políticas substantivas, é preciso verificar se há condições mínimas para sua implementação. Em não havendo, como é o caso, resta proceder às mudanças institucionais e organizacionais para que se viabilize a gestão e para que, finalmente, em conformidade com a gestão racional, políticas inteligentes e consistentes se formulem e implantem.

Nesse sentido, faz parte de qualquer política séria de segurança a construção dos meios indispensáveis à gestão, não porque isso baste, não porque superestimemos essa dimensão, mas porque sem esses meios não haverá política alguma. Permanecerão as instituições policiais e afins condenadas ao círculo vicioso do improviso e da reatividade.

Requer-se, portanto, como fundamento das políticas substantivas, uma política de reforma institucional ampla, viabilizadora da gestão – da gestão de que precisamos, aquela que seja adequada à magnitude do desafio posto à sociedade e ao Estado pela criminalidade violenta.

(14) Avaliação da performance: Está razoavelmente maduro o dificílimo debate sobre esse tema. A nova gestão da Secretaria deveria trabalhar com a estipulação de metas e o acompanhamento de conselhos independentes, formados por representantes da sociedade civil. As metas não poderiam ser quantitativas, porque há algumas causas da criminalidade fora do alcance das políticas de segurança e também porque um movimento orientado para a obtenção de números mais reduzidos de crimes poderia ensejar manipulações de vários tipos. Metas quantitativas aplicam-se, entretanto, a algumas áreas, como a Polícia Civil e a perícia, cujas funções visam esclarecimento de crimes, isto é, geração de inquéritos bem instruídos, que obtenham aprovação por parte do Ministério Público, para que se convertam em processos. Para o conjunto da segurança pública e a PM as metas devem ser processuais – estas também se aplicam à perícia e à Polícia Civil, evidentemente. As metas processuais devem referir-se a resultados na (a) formação (cujo ciclo básico tem de ser comum a ambas as polícias), na capacitação e no treinamento policial, e na satisfação tanto dos próprios profissionais quanto da população destinatária dos serviços; (b) na provisão de informações em tempo real – em padrões unificados – para todos os gestores, na ponta, médios e superiores, de todas as instituições do campo da segurança; (c) na gestão; (d) na articulação com as políticas sociais preventivas; (e) na redução dos casos de corrupção e brutalidade, o que redundaria em aumento da confiança popular (aspectos verificados pela Ouvidoria autônoma, vigorosa, com capacidade própria de investigação, e pela Corregedoria unificada independente). A avaliação da performance da segurança não pode ficar restrita à Secretaria de Segurança, nem mesmo ao governo. É preciso envolver as universidades e os mais respeitáveis institutos de pesquisa de extração acadêmica, assim como consultorias de competência internacional, especializadas na avaliação de empresas e em diagnósticos institucionais. A política de segurança e seu desempenho devem afirmar-se, de uma vez por todas, como política de Estado, não de governo, exigindo compromissos que ultrapassem mandatos e permaneçam invulneráveis a mudanças políticas, desde que os resultados – atestados com independência e competência – sejam positivos.

(15) Segurança privada: O correto, o justo seria pagar salários dignos aos policiais e vetar seu envolvimento com a segurança privada. Sendo impossível resolver esse dilema rapidamente, sob condições financeiras engessadas, restará ao executivo estadual: (1) trabalhar para substituir futuras contratações de policiais pela compra do tempo de folga dos policiais, gerando, na prática, as condições para a dedicação exclusiva às instituições públicas; (2) reconfigurar a médio prazo o orçamento da segurança pública, compensando o aumento dos gastos envolvidos na valorização profissional dos policiais com (a) o aumento de receita derivado do crescimento econômico que a redução da violência estimulará; (b) a redução dos custos em saúde pública; (c) a redução dos gastos privados com segurança privada (mais de 4 bilhões ao ano), a qual poderia implicar contribuições para um fundo público não-estatal, destinado a beneficiar programas de crédito especial para compra de imóveis por parte de policiais; (3) recorrer ao expediente de bolsas de estudo (que não comprometem a folha) para policiais, enquanto estiver em curso programa de reestruturação organizacional das polícias, o que exigirá requalificação, treinamento, capacitação; (4) negociar com empresários o pagamento à polícia por serviços excepcionais, providos em grandes celebrações e shows, como réveillon e carnaval; (5) pressionar o Ministério da Justiça e a Polícia Federal para que cumpram sua parte e fiscalizem com todo o rigor a segurança privada, pelo menos para que se reduzam laços promíscuos com dinâmicas clandestinas e para que delegados e oficiais sejam impedidos de agenciar – e explorar – seus subordinados, formando empresas com a maquiagem dos nomes de esposas e parentes. A situação atual é perversa, porque o fracasso da segurança pública passou a corresponder ao interesse econômico de segmentos expressivos das corporações policiais, sobretudo dos estratos superiores.

(16) O BOPE deve voltar a ser uma tropa pequena, de elite, incorruptível, como foi no passado, mas, do passado, tem de recusar a tradição da brutalidade ilegal. O BOPE não pode recusar rendições nem pode substituir o trabalho regular e permanente da polícia convencional. Incursões bélicas sistemáticas, sobretudo noturnas, têm de ser substituídas – a não ser em condições absolutamente excepcionais – por investigações e planejamento tático para a captura de suspeitos e a identificação de paióis de armas. Por outro lado, é preciso valorizar essa unidade de elite.

(17) Sobre o Caveirão: Os palácios de governo não são somente a residência de governadores ou presidentes. São também monumentos ao poder das instituições públicas e declarações enfáticas de que o residente é o titular da autoridade superior.

O uniforme de um policial é sua vestimenta funcional, mas é também uma mensagem dirigida à sociedade, na qual se reafirma a autoridade de quem a veste. A farda neutraliza a singularidade do indivíduo que a veste, substituindo-a por um papel público, cujo portador torna-se um agente público, cumpridor de funções institucionalizadas. Por isso, o comportamento do policial militar, na esquina – face mais tangível do Estado para a maior parte da população brasileira –, pode valorizar ou comprometer o conjunto das instituições públicas.

Que mensagens simbólicas os acessórios, fardas, ícones, bandeiras e veículos policiais devem emitir numa sociedade democrática? Aquelas que correspondam à sua missão constitucional, que assim se resumiria: proteger direitos e liberdades; preservar a vida e sua dignidade; empregar a força comedida, isto é, respeitando a proporcionalidade à magnitude da resistência e aos riscos representados, aos policiais e a inocentes, pela atitude dos suspeitos.

Vejamos por que: cabe às polícias zelar pelo cumprimento das leis, as quais, no Estado Democrático de Direito, resultam de processos regidos por uma Constituição aberta à permanente revisão crítica, sensível *à* e promotora *da* participação popular. Tais leis, portanto, corresponderiam à afirmação de direitos e liberdades (mesmo que de forma precária e incompleta, posto que representariam os pactos sociais politicamente viáveis em cada momento histórico), nos marcos de princípios permanentes e procedimentos comprometidos com a eqüidade. Daí se deduz que zelar pelo cumprimento dos termos historicamente constituídos do pacto social, isto é, zelar pela vigência da legalidade, equivale a defender direitos e liberdades. Mesmo provisório e contraditório, o marco legal, numa democracia – sem prejuízo do valor instituinte da desobediência legitimada por dimensões substantivas da Justiça –, é uma referência valiosa, sobretudo para os mais vulneráveis às violações perpetradas pela força, o arbítrio, o interesse privado e o exercício iníquo do poder, em todas as suas modalidades.

Nesse sentido, a polícia, do ponto de vista constitucional, destina-se a um papel democrático, estratégico e indispensável, de grande significado particularmente para aqueles que, no Brasil, têm sido as maiores vítimas de toda sorte de violações: os mais pobres e, em especial, os negros. Em nossa história, o contrário é que tem sido a regra, com honrosas e raras exceções: as polícias têm agido com indulgência com as elites e brutalidade extrema com os mais pobres, particularmente os negros, desrespeitando-lhes os direitos fundamentais e contribuindo para arrebatar-lhes a cidadania tão duramente conquistada na letra da lei. Mas a realidade é uma construção social e política de atores concretos, não uma condenação inexorável e fatalista. Ela pode ser transformada, sobretudo quando ostensivamente ilegítima e ilegal.

Nesse contexto institucional, histórico e político, e considerando-se os diversos níveis em que se configuram os sentidos sociais dos engenhos, objetos e produtos, o que é o Caveirão?

O veículo blindado da PMERJ, chamado Caveirão, não é um engenho mecânico destinado a transportar, em segurança, profissionais das instituições policiais, mas um sintoma, quase um ato falho, um lapso da política de guerra, de forte matiz racista e classista, aplicada pelo governo do estado. O blindado poderia ter recebido esse nome grosseiro, vulgar, caricato e assustador dos que o denunciam e temem, dos que sofrem as conseqüências brutais de seu emprego. No entanto, por incrível que pareça, a viatura foi assim batizada pela própria corporação que o utiliza. É, portanto, uma indireta confissão de culpa; um testemunho ambulante e espetacular; uma declaração de guerra errante e errática contra os territórios que invade e suas populações; um dispositivo político que circula difundindo a dupla mensagem de força máxima e fragilidade extrema, desejo de proteção e hostilidade aberta. Tem sido o portador do medo a comunidades, insultando-as com sua voz anônima, amplificada e distorcida. Voz desumanizada de máquina-sem-sujeito, refratária ao diálogo e às mediações, típicas não da guerra, mas da segurança pública em ambientes complexos. A guerra urbana acaba sendo a profecia que se autocumpre.

Não se trata de um blindado que protege policiais em risco porque não tem sido esta a realidade prática do Caveirão, utilitária ou simbólica. Tampouco se sustentaria a hipótese de que o veículo pudesse ser "melhor empregado", dado que existe no âmbito de uma política de guerra que ele traduz, perversamente, à perfeição. O veículo existe no quadro de uma estrutura organizacional das polícias e no contexto de processos de formação profissional que hostilizam sua própria missão constitucional. O uso do blindado não é um desvio de sua função e de sua utilidade, mas a manifestação mais nítida e dramática de toda uma abordagem anticidadã da problemática da segurança que ele encarna. Esta abordagem implica a desvalorização dos próprios policiais, em certo sentido também vítimas dessa dinâmica perversa: a política do Caveirão.

Um outro uso para o blindado, com outros significados simbólicos e práticos, seria possível em outro contexto? Claro, os engenhos humanos podem adquirir os mais variados significados sociais e as mais diversas funções. Quando as favelas não forem mais tratadas como territórios inimigos a serem invadidos, em operações de guerra; quando as polícias investirem no efetivo cumprimento de sua missão constitucional; quando as estruturas organizacionais e a formação profissional se orientarem para o respeito aos direitos fundamentais; quando a política de segurança voltar-se para a redução da violência, inclusive do racismo, e para a defesa de direitos e liberdades, inclusive e sobretudo das comunidades; quando a proteção dos policiais inscrever-se nesse contexto, todos os instrumentos úteis à proteção da vida, sem arrogância e desrespeito, poderão ser empregados com legitimidade, desde as armas e os blindados até as fardas e os telefones. Nesse momento, a caveira, os ícones da morte, os cânticos e celebrações do terror cederão lugar à simbólica da vida. Os policiais alcançarão respeito e confiança popular.

Serão valorizados por suas instituições e pela sociedade. As agressões a que estiverem sujeitos serão rechaçadas intensamente pelo sentimento popular. Nesse Rio de Janeiro do futuro, blindados poderão ser usados a serviço da vida dos policiais e da população, mas, certamente, eles serão menos necessários, porque a credibilidade das instituições da segurança pública será sua principal blindagem.

IV
Síntese das principais propostas

Seguem-se os pontos fundamentais da política de segurança que proponho e que foi explicada no roteiro imaginário:

I. No âmbito do Congresso Nacional são necessárias as seguintes providências:

(1) Desconstitucionalização da matéria referente às polícias, nos aspectos alusivos à atual exigência de que haja, em cada estado e sob controle do executivo estadual, duas polícias, constituídas a partir da fratura do ciclo do trabalho policial: uma das quais civil, responsável pela função repressivo-investigativa; outra, militar, responsável pelo trabalho ostensivo-preventivo (esta última subordinada, simultaneamente, ao Exército). A desconstitucionalização também afeta a União e as Polícias Federais, permitindo ao governo federal a introdução de alterações no atual modelo duplo, caracterizado pela separação entre o Departamento de Polícia Federal e o Departamento de Polícia Rodoviária Federal (que poderiam ser unificados, por exemplo – e deveriam, tal a magnitude da incomunicabilidade atual).

Com a desconstitucionalização, seria transferida aos estados a autoridade para legislar sobre suas polícias (ou seja, para decidir se haveria uma ou mais polícias, se seriam de ciclo completo ou se manteriam a atual fratura do ciclo – isto é, a divisão entre civil e militar –, se as polícias seriam regionais, metropolitanas ou municipais, ou se o status quo seria preservado sem qualquer alteração). A decisão de cada Assembléia Legislativa (com a participação do governo estadual) teria de ser confirmada por referendo, em cada estado. Ou se adotaria processo inverso: conferências municipais, seguidas de uma ampla conferência estadual, indicariam algumas opções, as quais seriam submetidas a plebiscito, para que o voto popular efetuasse a escolha.

Seguem-se apenas alguns exemplos de opções em um repertório vastíssimo: (a) manutenção do atual modelo (PM – Polícia Civil); (b) unificação das atuais polícias, criando-se uma grande polícia estadual de ciclo completo – isto é, uma só polícia realizaria o trabalho das duas polícias que hoje existem, seja o patrulhamento ostensivo, uniformizado, preventivo, seja a investigação e a repressão; (c) criação de polícias municipais de ciclo completo, nos municípios com mais de um determinado número de habitantes (por exemplo, 500 mil). Os demais ficariam sob a responsabilidade de uma polícia estadual unificada, de ciclo completo; (d) criação de uma polícia metropolitana de ciclo completo, responsável pela região metropolitana da capital. Os demais municípios ficariam sob a responsabilidade de uma polícia estadual unificada, isto é, de ciclo completo; (e) criação de polícias municipais de ciclo completo, responsáveis apenas pelos delitos de pequeno potencial ofensivo, previstos na Lei 9.099, os quais são processados nos Juizados especiais. Os crimes graves e violentos ficariam sob responsabilidade de uma polícia estadual unificada, de ciclo completo. O crime organizado ficaria sob responsabilidade da Polícia Federal.

(2) Seriam mantidas (ou se enunciariam) na Constituição Federal definições gerais sobre a polícia e sua função: trata-se de instrumento fundamental à democracia, ao Estado Democrático de Direito, cuja missão elementar e permanente é garantir direitos e liberdades, zelando pela vigência das leis (deve zelar por tal vigência, evidentemente, respeitando estas mesmas leis e os direitos humanos, conforme consignados na Declaração Universal, de que o Brasil é signatário e que não colide, ao contrário, com nossa Constituição).

(3) Seria introduzida na Constituição a normatização do Sistema Único de Segurança Pública (do qual passariam a fazer parte todas as polícias já criadas ou por criar, no país, inclusive as federais), determinando que:

(3.1) Todos os profissionais de todas as polícias brasileiras (não importa quantas venham a ser e de que tipo, em cada estado e na União) cumpram, em seus respectivos processos de formação e treinamento, um ciclo básico, dotado de currículo comum, nacional, multidisciplinar, no qual constem noções elementares de sociologia, coleta e análise de dados, psicologia, mediação de conflitos, direitos humanos, dinâmica da violência doméstica e dos preconceitos, gestão, relações públicas, direito e criminologia, artes marciais e educação física, uso comedido da força e da arma de fogo e primeiros socorros. A especificação de tal currículo comum, assim como as exigências mínimas quanto ao tempo que seria dedicado a esse ciclo básico e quanto à escolaridade requerida para ingresso nas corporações resultariam de decisões da Secretaria Nacional de Segurança Pública (Senasp).

(3.2) Todas as polícias teriam de organizar a coleta e o processamento de seus dados, que deveriam ser informatizados – seria dado um prazo para adaptações e se exigiria apoio financeiro do governo federal aos esforços de adaptação, via repasses de recursos do Fundo Nacional de Segurança – segundo orientação comum, nacional, da Senasp, unificando os códigos de classificação dos fatos objeto das ações policiais, isto é, uniformizando-se os boletins de ocorrência e gerando plataformas informatizadas nacionais. Sem isso não pode haver comunicação nem cooperação entre as polícias.

(3.3) Todas as polícias militares que forem mantidas pelos estados, após o processo de escolha popular, seriam desvinculadas – enquanto reserva – do Exército: as polícias militares estaduais estarão subordinadas aos governadores dos estados e não mais ao Comando de Operações Terrestres do Exército. Para tanto, faz-se necessária a supressão do conceito de força "auxiliar e reserva do Exército", constante do artigo 144 da Constituição Federal.

(3.4) Todas as polícias teriam de apresentar avaliações de suas ações, relativamente à redução da criminalidade, a cada trimestre. Essas avaliações seriam, por sua vez, credenciadas, isto é, receberiam o selo de qualidade de uma instituição universitária pública.

(3.5) Os órgãos periciais deveriam tornar-se autônomos e todo estado teria de dispor de uma instituição de perícia ou ciência forense: médicos legistas, peritos criminais e demais carreiras técnico-científicas não deveriam fazer parte da carreira policial, passando a constituir corpo funcional próprio.

(3.6) A cada polícia corresponderia uma Ouvidoria da Polícia autônoma e independente, com poder de fiscalização, investigação e auditoria. A atividade policial continuaria sob controle externo do Ministério Público, mas passaria a ser fiscalizada por Ouvidorias da Polícia, que se incumbiriam ainda de investigar eventuais infrações de policiais e de promover auditorias quanto ao funcionamento do organismo policial, o que possibilitaria maior transparência nesse setor da administração pública, pois, como canal institucional da população, as Ouvidorias seriam o elo com a população e a agência de controle social das polícias. A elas também cumpriria destacar as boas experiências, para que fossem estimuladas e se difundissem.

(3.7) Seriam criados, nos estados, Gabinetes de Gestão Integrada da Segurança Pública, do qual participariam representantes das polícias que atuam na esfera sob responsabilidade do gabinete (estado ou União), dos secretários das pastas envolvidas, dirigentes do sistema penitenciário e, por convite, representantes do Ministério Público, da Defensoria Pública e do Judiciário.

(4) Estados e municípios, titulares de polícias, não poderiam beneficiar-se de fundos públicos nacionais, destinados à segurança pública, se não apresentassem, com seus pleitos, compromissos com políticas preventivas julgadas pertinentes pelos técnicos da Senasp.

(5) Quanto aos recursos: a criação de polícias municipais ou metropolitanas, de ciclo completo, corresponde a uma atribuição de novas responsabilidades, a qual deve vir associada à transferência equivalente de recursos. Essa acomodação exige revisão do pacto federativo, em cujos termos os tributos são distribuídos.

(6) Seriam conferidas à Defensoria Pública as mesmas prerrogativas e condições materiais atribuídas, atualmente, ao Ministério Público.

(7) Seria promulgada Lei Infraconstitucional de Responsabilidade Social, a qual imporia aos Estados fiscalização e sanções (equivalentes àquelas previstas na Lei de Responsabilidade Fiscal), para que se garantisse o cumprimento de suas obrigações legais, relativamente ao sistema penitenciário e ao sistema socioeducativo. A LEP (Lei de Execuções Penais) e o ECA (Estatudo da Criança e do Adolescente) têm de ser respeitados.

(8) Finalmente, é urgente mudar a política de drogas e caminhar no sentido da legalização, apoiando projetos voltados para a redução de danos e experiências autogestionárias, no controle do abuso. Ao invés de investir em repressão policial e encarceramento, temos de privilegiar o tratamento para a dependência química e as ações preventivas na área da educação.

II. No âmbito dos executivos estaduais, são imediatamente necessárias as seguintes providências:

Adoção de políticas preventivas, em larga escala, dirigidas sobretudo para os jovens sem perspectiva e esperança, com baixa autoestima, que se sentem invisíveis e buscam a arma para obter reconhecimento, valorização e acesso ao consumo. Esses jovens envolvem-se com drogas e armas, numa dinâmica destrutiva e autodestrutiva. Antes que se envolvam, abandonam a escola e não encontram amparo suficiente em casa nem na comunidade. Não são estimulados culturalmente nem têm acesso ao lazer. Estão fora do mercado de trabalho e no círculo de influência das práticas ilegais. A plataforma dessas políticas preventivas seriam as escolas e as agências de saúde locais, e a metodologia deveria ser a formação de redes locais de proteção. As polícias deveriam acompanhar esse processo, apoiando o trabalho comunitário, oferecendo à comunidade proteção continuada e não a submetendo a riscos e medo. Ao invés de incursões bélicas, em que tantos morrem, todos os dias, seria preciso interceptar as dinâmicas locais que geram os problemas. Ao invés de matar os jovens envolvidos com o crime, seria necessário disputá-los com o crime e impedir que se deixem atrair pelo crime. Essa disputa não se reduz à dimensão material, ainda que ela seja essencial. Lembremo-nos de que estão em jogo a autoestima, os afetos e os sonhos de cada jovem. A fome mais funda é a ânsia por valorização humana, afeto e reconhecimento.

Promoção da reforma radical das instituições da segurança (polícias e sistema penitenciário) e das entidades socioeducativas, de acordo com as novas condições que vierem a se tornar possíveis, em função das mudanças legislativas nacionais (em parte referidas no primeiro item).

Aplicação de ações emergenciais para controlar as principais dinâmicas do crime, atualmente em curso nos estados, com atenção especial às armas e aos envolvimentos criminosos de policiais e políticos. Essas ações são investigativas e repressivas, no sentido qualificado e constitucional do termo.

Algumas reformas políticas ajudariam muito o avanço na segurança, seja na esfera da estrutura do Estado, para que os governos pudessem agir de modo mais integrado, aplicando políticas intersetoriais, as únicas capazes de produzir impacto expressivo na segurança, seja na esfera eleitoral, para que o ciclo eleitoral não se chocasse tão fortemente com o tempo de maturação das políticas públicas.

Para que se alcancem os objetivos destacados, algumas ferramentas de gestão e alguns instrumentos operacionais são imprescindíveis, no âmbito de cada estado:

Gabinete de Gestão Integrada da Segurança Pública, envolvendo todas as instituições da área (estaduais, federais e, inclusive, municipais) e trabalhando em estreita relação com as políticas sociais preventivas, respeitando-as em sua autonomia.

Consórcios que articulem, ao nível local, políticas sociais preventivas da violência e ações policiais, vinculando prefeituras, governo estadual e sociedade civil.

Unidade Interinstitucional de Investigação e Repressão às Armas Ilegais.

Núcleo de Comando e Controle, dotado de tecnologia avançada, já disponível no Brasil, conectado a plataformas geradoras de imagens, com especial destaque à plataforma aérea.

Estruturas de intercomunicação e produção de informações (no Estado do Rio de Janeiro, a infra-estrutura está pronta, nas Delegacias Legais, mas, lamentavelmente, apesar de seu notável potencial, ainda não foi usada para a gestão), aplicadas para planejamento e avaliação das políticas de segurança.

Áreas Integradas de Segurança Pública, territórios sob responsabilidade compartilhada de ambas as polícias, militar e civil (correspondentes, cada uma delas, a múltiplos dos setores censitários do IBGE – os técnicos entenderão por quê). O número dessas AISPs (nos raros estados em que já existem) tem de ser multiplicado, para que cada uma delas se torne muito menor, permitindo a descentralização e a capilaridade da organização policial. As AISPs devem funcionar como base para uma estrutura de gestão apoiada em diagnósticos diários e monitoramento sistemático, à maneira do CompStat, modelo que revolucionou a gestão policial em Nova York. O geoprocessamento, nesse contexto, adquire status de ferramenta fundamental de gestão inteligente e preventiva.

À guisa de conclusão
Mensagem que eu gostaria de ouvir em meu celular

"Luiz, acabei de ler o seu livro. Queria lhe dizer que, mesmo discordando de algumas coisas, mudei a minha visão da segurança pública e da violência. Sobretudo, mudei meu sentimento. Passei a achar que tem saída, sim. Não desiste, cara. Segue em frente. Vou fazer a minha parte. Fique aí com meu abraço."

Eu ligaria de volta e convidaria você para participar de uma ampla rede nacional pela mudança da segurança pública.

Se você não me deixar esse recado, mas se identificar com ele, pense na hipótese de integrar essa rede e busque contato pela internet. Mesmo a distância e em campos diferentes, vamos trabalhar juntos.

Conheça os 50 Clássicos da Sextante

Espiritualidade/Inspiração

Muitas vidas, muitos mestres, de Brian Weiss
Muitas vidas, uma só alma, de Brian Weiss
Jesus, o maior psicólogo que já existiu, de Mark W. Baker
Conversando com os espíritos, de James Van Praagh
A última grande lição, de Mitch Albom
Uma ética para o novo milênio, de Sua Santidade, o Dalai-Lama
A arte da meditação, de Daniel Goleman
O Mestre dos Mestres (Coleção Análise da Inteligência de Cristo), de Augusto Cury
Espiritualidade, um caminho de transformação, de Leonardo Boff
Autobiografia de um iogue, de Paramahansa Yogananda
O Poder do Agora, de Eckhart Tolle

Negócios

O monge e o executivo, de James C. Hunter
Como se tornar um líder servidor, de James C. Hunter
Jesus, o maior líder que já existiu, de Laurie Beth Jones
Faça o que tem de ser feito, de Bob Nelson
Seu balde está cheio?, de Tom Rath e Donald O. Clifton
A hora da verdade, de Jan Carlzon
A Boa Sorte, de Álex Rovira Celma e Fernando Trías de Bes
Você é mais capaz do que pensa, John G. Miller
Seis fundamentos do sucesso profissional, de Stuart R. Levine

Ficção

O Código Da Vinci, de Dan Brown
Ponto de Impacto, de Dan Brown
Anjos e Demônios, de Dan Brown
Fortaleza Digital, de Dan Brown
As cinco pessoas que você encontra no céu, de Mitch Albom

Livros de bolso

Dez leis para ser feliz, de Augusto Cury
Seja líder de si mesmo, de Augusto Cury
Você é insubstituível, de Augusto Cury
Palavras de sabedoria, de Sua Santidade, o Dalai-Lama
A vida é bela, de Dominique Glocheux
Filtro solar, de Mary Schmich
Posso conseguir o que desejo, de Iyanla Vanzant
Quem acredita sempre alcança, de Peter McWilliams

Auto-ajuda

O método fácil de parar de fumar, de Allen Carr
Por que os homens fazem sexo e as mulheres fazem amor?, de Allan e Barbara Pease
Desvendando os segredos da linguagem corporal, de Allan e Barbara Pease
Por que os homens mentem e as mulheres choram, de Allan e Barbara Pease
O poder que vem do seu nome, de Aparecida Liberato e Beto Junqueyra
Nunca desista de seus sonhos, de Augusto Cury
Pais brilhantes, professores fascinantes, de Augusto Cury
100 segredos dos bons relacionamentos, de David Niven
Não leve a vida tão a sério, de Hugh Prather
Mantenha o seu cérebro vivo, de Laurence Katz e Manning Rubin
100 segredos das pessoas felizes, de David Niven
Enquanto o amor não vem, de Iyanla Vanzant
A Dieta do Abdômen, de David Zinczenko e Ted Spiker
A Dieta de South Beach, de Arthur Agatston
O poder da paciência, de M. J. Ryan

Referência

1.000 lugares para conhecer antes de morrer, de Patricia Schultz
O ócio criativo, de Domenico De Masi

INFORMAÇÕES SOBRE OS PRÓXIMOS LANÇAMENTOS

Para receber informações sobre os lançamentos da EDITORA SEXTANTE, basta enviar um e-mail para atendimento@esextante.com.br ou cadastrar-se diretamente no site www.sextante.com.br

Para saber mais sobre nossos títulos e autores, e enviar seus comentários sobre este livro, visite o nosso site: www.sextante.com.br

EDITORA SEXTANTE
Rua Voluntários da Pátria, 45 / 1.404 – Botafogo
Rio de Janeiro – RJ – 22270-000 – Brasil
Telefone (21) 2286-9944 - Fax (21) 2286-9244
E-mail: atendimento@esextante.com.br